Мирослав Б Младеновић Мирац

СВАДБЕНИ ОБИЧАЈИ У ВЛАСОТИНАЧКОМ КРАЈУ- ПОВЛАСИЊЕ

ВЛАСОТИНЦЕ; 2016.године

1

Резиме (сажетак):- *Свадбени обичај је од давнина заузимао важно место у породичној заједници код Срба на југу Србије.*

Некада су све до 70.година 20 века девојке морале да спремају мираз, потом од детињства са својом мајом спремају дарове за кума, старојка и ужу родбину девојке и момка.

Сам чин свадбеног обичаја као ритуал се изводио често разноразним магиским радњама и то уз музику и песама, које су се некада певале као свадбарско-сватовске песме.

Овде су у записима описани обичаји самог свадбеног ритуала у селима Повласиња, а свадбе су трајале три или два дана.

Може се закључити, да нестанком села и сам свадбарски обичај и ритуал извођења свадбарско-сватовских лирских песама се потпуно угасио у власотиначком крају - Повласињу.

Остали су једино фрагменти тих песама, које се певају у склопу рада у школским фолклорним секцијама и формираним друштвима за очување народне традиције овога краја.

Данас на почетку 21. века од старих обичаја-свадбеног ритуала и лирских свадбено-сватовских песама је остало мало.

На свадбама једино се изводе по који обичај у девојачкој кући уз музику трубача и певају новокомповане народне песме са тематиком овог старог српског породичног обичаја.

Уместо као некада, свадбе уместо три или два дана трају само један дан и то у хотелима.

Некада су ретко у сиромашним и забитим планинским селима постојали фотографије, па је чак негде и остало не забележен тај најрадоснији догађај у животу једне породичне заједнице.

У другој половини 20. века и почетком 21. века се на крају обавезно фотографишу са младом невестом.

У прилогу поред библиографске белешке, постављено је и аутентичних ауторских фотографија свадбених обичаја у 20. веку у селима Повласиња у власотиначк-црнотравском крају.

Кључне речи: *свадба, обичаји, прошевина, "гледање", киткари, кондирција, поода, „испит", големи гости (презовци), веровања, младенци, речник локализма, фотографије*

* * *

УВОД

Навике које постоје у начину живота и међусобном опхођењу међу члановима једне етничке заједнице или једног народа, а које им служе као правило-како ће поступати у појединим приликама било у односима између себе било у односима с другим народима-називају се ОБИЧАЈИ.

Често у власотиначко-црнотравском крају у прошлости, обичаји су се поштовали као писани закони; а ми Срби се још држимо извесних обичаја у опхођењу међу собом и с другима, иако нигде нису предвиђени као нека писана друштвена правила (гостопримство, побратимство, кумство, поштовање старијих).

Многи обичаји у власотиначко-црнотравском крају-па и свадбени, временом су нестанком села нестали; а многи се изводе у неком другом облику, а неки и на старински начин. Обичаје сам бележио пером а и фото записима са фотографом смена 8, још из студенских дана од 70.г. 20 века све до почетком 21. века.
*

У својим записима о свадбеним обичајима у своме завичају, као и записа других истраживача у својим селима; овде ће бити презентирано са потпуним ритуалним радњама и радостима живота једног времена које је већ са нестанком села су нестли и свадбарски обичаји у власотиначко-црнотравском крају.

Појам ПОВЛАСИЊЕ је ауторски опис са етнолошко-етнографско- тополошке стране од стране предела од ушћа до места настака планинске реке Власине.
У доњем делу тока се река Власина улива у реку Јужну Мораву код села Стајковце, па је све до саме вароши Власотинце; тај

4

потес према дијалектолошком погледу и обичајима један „појас"-„Доње Повласиње"; док други потес од села Бољара, па све до власинске области је „Горње Повласиње".

С тим што је и сама област око Власинског језера-одакле извире река Власина, чини област Повласиња.
Тај део је већ изучаван са етнолошко-етнографске стране, док онај део Повласиња у склопу цротравско-власотиначког краја је био недовољно истражен са етнолошко-етнографског аспекта.

Оваква бележења самог аутора овог чланка, су читав један животни век, постала као начин живота и део живота читавих генерација испред нас, а и записи који ће остати за наредна поколења.

Свадбени обичај је заузимао важно место у животној заједници. За њега се спремало читавога живота. Живело се за тај дан-још када се дете роди, потом одрасте и досегне зрелости девојке за удају и момка за женидбу.

Мајке су још од времена почетка детињства, до девојаштва - училе своје ћерке да преду, ткају и везу и спремају дарове за свадбено весеље.

Према даровима се ценила спремност девојке за удају и богатство њене породице за давање мираза.

Даровима су даровани свекар, свекрва и најближи у мушкој и женској родбини.

Дарови у Повласињу су на Видовдан износени напоље-ткане черге (ћилими), везани јастуци, везане чарапе, везане кошуље, везане рукавице, тканице, самије (везане мараме), везани бечелаци, везани чаршави у дворишту девојке на виђење-окачени на конопцу или жици.

Наравно да се у дар тада стављала лековита биљка Ивањдан - да не би дар јели мољци.
*

То су тренутци радости посебног доживљаја у животу родитеља и њихове деце.
За тај дан се живи целога живота.

Очеви су одлазили у печалбу да зараде новац да се припреми мираз-дарови, а касније и направљени намештај у ковчегу за дар, потом и дрвени кревети и дрвени кухињски намештаји.

Очеви момака су такође ишли у печалбу са својим сином и спремали новац за свадбу. Морало се водити рачуна да се годинама сачува ракија,

Да се у кацама стави кисели купус, парадајс и паприка, да се сачувају овце-двиске, младе овце са којим су се у котловима правио купус свадбарски, који се садио у градинама.

На село Свадбарски купус у времену сиромаштва и животне оскудице - на свадбама био је једино јело, а после је тек 70.година 20. века, када се постало богатије, спремало се и предјело, печењеод прасетине, колачи и друге ћаконије.

Прво се после гледања момка и девојке по саборима иде на просидбу.
 Са момком иду отац, мајка, стрина, чичеви и одлазе у кућу девојке   да   се   пријатеље. Отац   момка   пита   оца девојке:"Пријатељу, даваш ли ти ову твоју ћерку, за нашег момка".

Тада отац девојке одговара:" Ако се деца воле, дајем и ако млого мираз не искате, да си дадем колка ми је черга-а ми јој не бранимо ништа да дојде у вашу кућу".

Пред свадбу на један дан секите момкови дворови.
Ујутру првог дана свадбе, у дворове младожење скупљају се сватови, мало замезе, попију по коју ракију и крену по девојку.

Пре уласка у авлију обавеза је била најпре да се погоди јабука .
Након завршеног ручка девојка се растаје са својом фамилијом, уз плач најближих - мајке, тетеке, стринке и другарица.

*

Кад се крене са сватовима и свирком свирача, младожења и невеста се попну на рабаџиска кола са даром и да им се по једна чаша да попију вино и празне чаше се баце преко главе, а брат стоји на капију и тражи да се дар плати од оних који воде говеда - зета, па се у шали пазари и онда после смеха и шале се те паре ставе у ковчег за девојку.

Сватови пуштени од брата девојке да изилазе из авлије у радости и весељу напуштају дворови девојке. Када брат изводи сестру, онда је обавезно „укићен" белим везаним пешкиром, а и тешки су рстанци младе невесте са својим најмилијима у кући. Често на растанку се пусте сузе, па чак и брата и оца...
*

Интересантан је задржан обичај још из времена под Турцима, да је млада невеста носила „покривено лице веом", све док се није венчала у цркву или код матичара у општини односно месну канцеларију после Другог светског рата. Тек тада је момак могао да види лице своје будуће невесте.

Наравно до 60.године 20. века као предјело се као „мезе" за употребу ракије шљивовице – су била као предјела само:сир, кисео купус, паприке из трошију каца и џигерице од овце и ништа више, али се знало веселити и пити ракију и вина по три дана и три ноћи.

Данас су свадбе лишене једног дела лепих обичаја и обреда. Раније је много више пажње било посвећено фоклорној страни свадбе а мање јелу, пићу и поклонима.

У прилогу поред библиографске белешке, постављено је и аутентичних ауторских фотографија свадбених обичаја у 20. веку у селима Повласиња у власотиначк-црнотравском крају.

Већина фотографија сам фотографисао свјим аматерским апаратом смена 8, кога сам "добио" на чудан начин још у времену студентских дана.

Тим апаратом сам правио траг времена живота свуда где сам се налазио на неком весељу, животу, раду у просвети на село и на другим местима где се на село косило, радило, жело и врло; а и у печалби како су се правиле цигле, зидале куће,

Најдраже су ми фоографије веселе деце у школи, у играма и са сеоских свадба и другиг светковина.

Овде ће бити приказ фотографија са свадбених весеља:аутора, сестара, друга из детињства и неких сакупљениг старих пожутелих фотографија из стариг времена 20, века, које су сакупљали моји вредни ученици-сарадници.

Нажалост, нека турбулентна историска времена су ми "однеле" део свога живота, а са њима и моје неостварене снове да још средином снимим аутентичност многи обичаја-па и сеоске свадбе са старим обичајима.

Тако ми је остала нетакнута купљена камера са једном просветарском платом-безобзира што у том времену није било ни довољно хлеба деци, ни стана а и чак избацивања са посла по категорији "норално политичка подобност".

Тако су и "нестали" многи "филмови" неурађених фотографија и фпотографије, као и старе сакупљене фотографије.

Овде неће имати на фотографији обичаја "гађање јабуке", а том свадбеном ритуалу сам као дете присуствовао, а касније и неколико пута фотографисао на неким сеоским свадбама у свом родном власотиначком крају.

Свадбе су у прошлости Повлисиња трајале и по три дана. Овде ће бити записа у којима ће бити детаљнији обис свадбених обичаја у прошлости, у 20. веку и почетком 21 века у селима и граду

Све ће то бити илустровано аутентичним фотографијама самог аутора овог чланка о свадбеним обичајима, који је „сменом осам", аутентично правио своје фото етно записе још из ссредњошкоских и студенских дана 70. Година 20.века.

*
Свадбени обичај је заузимао важно место у животној заједници. За њега се спремало читавога живота. Живело се

за тај дан-још када се дете роди, потом одрасте и досегне зрелости девојке за удају и момка за женидбу.

Мајке су још од времена почетка детињства, до девојаштва училе своје ћерке да преду, ткају и везу и спремају дарове за свадбено весеље.

Према даровима се ценила спремност девојке за удају и богатство њене породице за давање мираза.

Поред многих свадбених ритуала, сам чин припреме девојке и момка за тај свечани чин радости куће, целе родбине , у прошлости до половине 20 века заузимало и весеље и песма уз народне инструменте.

Том радосном догађају за момка и девојку и њихову родбину, посебно место заузимају у тим ритуалним играма и песмама: девојка, момак, свекрва, девер, кум и старојко (побратим). Растанак од куће, мајке и кућног прага је некада дирљив и у самој песми се исказују емотивна осећања радости одласка девојке у новом дому момка.

Сви ти радосни тренуци љубави, ступања у брачну заједницу и наставка живтног циклуса у заједници се одржавају у једној другој форми садржаја са елементима архаичности из старих времена патријахалне заједнице.

Свадбарско-Сватовске песме су певане када се плету венци, када кондиџија са ракијом и китеним кондором зеленилом и парама позива у сватове, када се девојка припрема и облачи за одлазак из куће, када се сватови са кумом и старојком одводи и доводи девојка у момкове дворе, када се девојка прати за воду да донесе са кладанца......

Писац овог чланка је и сам као дете и момак, а и на сопственој свадби слушао а и често запевао многе свадбарско-сватовске песме, које су остале као траг једног радосног тренутка живота на село у планини Повласиња.

Песма она свадбарско-сватовска је увек била сетна и весела када се слушала и данас често слуша уз архаични звук старих музичких инструмената на многим свадбеним весељима на југу Србије и данас на почетку 21. века.

Зато се и овде оставља тај траг у виду записа да се отргне од заборава игра уз стара народна кола и даље изводе стари свадбарски обичаји уз савадбено-сватовске народне песме на југу Србије и Балкану.

* * *

1. СВАДБЕНИ ОБИЧАЈИ

(власотиначко-црнотравски крај):

1.1. Свадбени обичај:

(Опис обичаја)

Свадбени обичај је заузимао важно место у животној заједници. За њега се спремало читавога живота. Живело се за тај дан-још када се дете роди, потом одрасте и досегне зрелости девојке за удају и момка за женидбу.

Мајке су још од времена почетка детињства, до девојаштва училе своје ћерке да преду, ткају и везу и спремају дарове за свадбено весеље.

Према даровима се ценила спремност девојке за удају и богатство њене породице за давање мираза.

*

Фото запис с. Крушевица (Власотинце) зима 1984.г.- девојке већ су сплеле „момачки венац" у дому Војислава Лепојевића (1923.г.) у другој половини 20. века....

*

Поред многих свадбених ритуала, сам чин припреме девојке и момка за тај свечани чин радости куће, целе родбине , у прошлости до половине 20 века заузимало и весеље и песма уз народне инструменте.

Том радосном догађају за момка и девојку и њихову родбину, посебно место заузимају у тим ритуалним играма и песмама: девојка, момак, свекрва, девер, кум и старојко (побратим). Растанак од куће, мајке и кућног прага је некада дирљив и у самој песми се исказују емотивна осећања радости одласка девојке у новом дому момка.

Сви ти радосни тренуци љубави, ступања у брачну заједницу и наставка живтног циклуса у заједници се одржавају у једној другој форми садржаја са елементима архаичности из старих времена патријахалне заједнице.

    *

Свадбарско-Сватовске песме су певане када се плету венци, када кондирција са ракијом и китеним кондиром зеленилом и парама позива у сватове, када се девојка припрема и облачи за одлазак из куће, када се сватови са кумом и старојком одводи и доводи девојка у момкове дворе, када се девојка прати за воду да донесе са кладанца......

Писац овог чланка је и сам као дете и момак, а и на сопственој свадби слушао а и често запевао многе свадбарско-сватовске песме, које су остале као траг једног радосног тренутка живота на село у планини Повласиња.

Песма она свадбарско-сватовска је увек била сетна и весела када се слушала и данас често слуша уз архаични звук старих музичких инструмената на многим свадбеним весељима на југу Србије и данас на почетку 21. века.

Зато се и овде оставља тај траг у виду записа да се отргне од заборава игра уз стара народна кола и   даље изводе стари свадбарски обичаји уз савадбено-сватовске народне песме на југу Србије и Балкану.

    *

1.2. ЗАПИСИ (*Казивања и Лична сећања свадбених обичаја у Повласињу*):

У прошлости у Повласињу био је занимљив обичај саме женидбе и удадбе.
Тако се после гледања момка и девојке по саборима иде на просидбу-прошевину .

Са момком иду отац, мајка, стрина, чичеви и ужа родбина- код девојке. Тада се родитељи девојке и момка „пријатеље"(тако се зове тај свадбени ритуал) односно дају сагласност за заједнички живот момка и девојке у брачној заједници.

Тако на просидбу-прошевину увек се не догађа да родитељи момка и девојке се сагласе, па се некада просидба-прошевина заврши и неуспешно. Отац момка пита оца девојке:""Пријатељу", даваш ли ти овуј твоју ћерку, за нашега момка"?
Тада отац девојке одговара:"
Ако се деца воле, дајем и ако млого мираз неискате, да си дадем колка ми је черга-а ја и ми јој небранимо ништа да дојде у вашу кућу".

Некада настаје натезање и погодба око мираза, даровница, али се изглади и на крају се изврши „пријатељење"-прошевина. Наравно без ценкања и увеличавања момкове и девојкине доброте, вредноће и лепоте, са мало задиркивања у шали и смеху-не може да прође ниједна прошевина-просидба.

Онда се "пријатељи" изљубе, честитају прошевину-просидбу једни другима, размене се даровнице и тако се озваничује веза између момка и девојке за заједнички будући живот у брачној заједници.

15

Тако тада будућа свекрва (мајка момка) носи везани бечелак, у коме се умота погача, баница, марама и купена китка (цвет) за просидбу-прошевину и на њој стави дукат.

Приликом „пријатељења"-прошевине (просидбе), будући свекар отац момка) даје „пријатељу" (оцу девојке) ракију и тако се „пријатеље", а будућа свекрва на девојку даје (забради гу) мараму и стави ве китку на главу и дукат на китку.

Потом китку стави на десну стр'ну мараме на главу будуће снаје (јер на леву страну китку носе не удате девојке).

После ги девојка изрукује-сас сви се пољуби.
Такој будућег свекра, свекрву, оца, мајку и момка пољуби у руку. Кад се изврши просидба-прошевина, каже се да је девојка испрошена-запроси се девојка.

Т'г се сас пушку пуца код девојку а после к'д се дојде код момка, поново се пуца из пушку и у село означава прошевина и такој се саберу комшије и село да се пије на крчму (весеље) у кућу момка.

На „крчму"-весеље, се поздравља сас девојку и она сваког цуне (пољуби) у руку, а њојм се дају паре (новац) приликом поздрављања, ко колко има.

Сас празне руке се не поздравља сас девојку на „честито"-крчму испрошене девојке.
У село се позове гајдарџија или хармоникаш да провесели све на крчму.
Игра се у коло, пева све до касно у ноћ.
После тога се организује свадба.

Некада је просидба-прошевина била без довођења девојке код куће момка-то је кажу била старинска свадба, а касније када је девојка испрошена долазила кући момку, тако је у очи свадбе долазила код родтеља да се тамо направи млада невеста и да се код ње организује гађање јабуке и да се сватовима иде по њу на свадбу.

Догађало се да они који су најсиромашнији-да би избегли трошкове око давања мираза на прошевину(просидбу)- намерно се организује да девојка наводно „побегне" или је момак „украде" са игранке или из куће-са неког сабора.

Наравно у прошла времена је било и насилних сурових „крађа" девојака, па је често долазило до туче ножевима, па чак се пуцало и из пушке или из пиштоља.
Често су браћа девојке често на почетку 20. века хтели да заштите сестру од насилне краће неког момка -па се са сабора често потезало ножевима, како би се одбранила част девојке на насилну удадбу.

Често је било насилних краћа девојака када су чувале овце-па је често долазило и до пушкарања по селима.

Ако се догоди да родитељи девојке недају пристанак удаје девојке за неког момка, кога они нежеле за зета, онда настају сваће и непријатељства, па се тако често иде и на „мирење"- које некада и не успе, али на крају се опет попусти, али девојка губи да добије мираз јер није добила „руку"(сагласност) од родитеља за удају за одређеног момка.

Тако су често браћа девојке, па и читавог села родбина „добро" чували неку лепу девојку да небуде украдена у неко друго село за неког момка ван села кога нежели фамилија девојке.

Пред свадбу на један дан секите момкови дворови, скупљају се девојке да праве-плету „зелени венци“ од китке(цвећа):босиљак, шишмир(зеленика), здравац, зелени папрат.

Венци се стављају на капију-на врата, на собе са ратишкама (разнобојним хартијама-највише црвена боја на радост)-купљеним у бојама се праве „увијене“ дугачке –дужине „дијагонале“ соба са дебљином неколико сантиметара, унакрс се стављају и на капију са зеленим венцима.

Од црвене хартије и китки се направи венац и стави се црвена јабука на средину капије.
На малу капију(вракњицу) се стави(тури) клип(клас) кукуруза и црвена паприка и кромпир на венац-са јабуком на средини велике капије.

Са искитеном капијом у облику полулука, који се прави од зеленог бршљана и младих шибљи дрвета, са папратом навалом-зеленим и цвећем-киткама, уз песму и музику свирача се окити капија и направе „зелени венци“ за свадбено весеље.

Киткари-то су они што носе премену(одећу и обућу) девојци а чине их: свекар, свекрва, младожењски(зет код момка) и најближи из родбине.

Ручник-стављају га жене на главу(капа,вес-беретка са репом) носиле младе(ален-црвен) вез са китком (црном свилом) на врху главе.
Ујутру првог дана свадбе, у дворове младожење скупљају се сватови, мало замезе, попију по коју ракију и крену по девојку. Када се полази за девојку, онда се момак бричи и девојке му певају:
    “Бричете добро, бричете Павла,

Викните мајку да види,
Викните татка да види
....“.
А када девојке премењују девојку момка, онда оне певају
песму:
"Викајте мајку да види,
Мајка носи бел погачи,
Викајте татка да види,
А татко си точи:
Рујно вино па не виде
....“.
Када се девојка премељује често се певала и македонска песма:
„Црешња се од корен корнеше,
Девојка се од мајке делеше
....“.

И данас на крају 20. века ови обичаји још делимично постоје.
Облачење момка-младожење и девојке-младе невесте,
разликовало се од века до века-у зависности каква се ношња
носила у 20. или 19. веку на село и у вароши.
 На пожутелим фотографијама у црно белој боји с краја 19. и
почетком 20. века могу се увидети ношње младожење и
невесте на свадбама.

У данашње време у другој половини 20 века и на почетку 21.
веку момак купује готово одело у бутику, кошуљу, кравату-
ципеле у продавницама, а исто то чини и девојка, која купује
или изнамљује готову венчаницу.
Средином 20 века и 70.година су младе саме код шнајдера
шиле венчаницу и често се то чувало па се предавало са колена
на колено-као и ципеле куповале се у продавницама.

Свадбени обичаји су нажалост изгубили ону старинску драж у
много чему-негде су у начину одевања, онда у позиву гостију

и у много чему прешло у престиж-јер се плаћају и луксузна кола, која ће младе да одвезу до кафане-луксузног хотела. Некада у прошлости у брдско-планинском крају се по девојку ишло са коњима, док у равничарским крајевима, по девојку ишло се са чезама и коњима у сватовима.

Касније се ишло пешице у сватовима и са музиком се венчавало у црквама (пре Првог светског рата)-а после другог светског рата се венчавало у месним канцеларијама код матичара.
Поред цркава или испред месних канцеларија или испред општине (градске свадбе) су се често водила више кола и венчавало више парова у истом дану у недељи.
Треба забележити да је у запису ученика упамћено да су неке богатије фамилије из села:Ломница, Шишава, Комарица и Липовица ишле са чезама и коњима по младу невесу чак у Лесковац и околним селима.

Иначе у другим селима до месних канцеларија или цркава се ишло путевима где су насељена места, ту са музиком и сватовима застајали и водило се коло.
Док, у граду млада и младожења су са сватоваима „парадирали" улицама града, да свако види младу невесту.
За овај крај то је у прошлости био веома радостан дан за породице, села и читав крај.

*

„*Мали гости*" су прављени у кући младке(невесте) после два три дана или неколико недеља или месец дана.

Чак је постојао и створен сам култ у рађању деце, па је зато на село док је снајка била трудна, њој је све било дозвољено и благородно јој се прилазило и нудило на сваком месту у средини.

Тај животни обредни циклус траје до данашњег дана али на
један другачији начин.
Некада су сватови све ишли пешице по младу невесту,
веселили се и тако младунци били предмет пажње свих људи,
поред чијих се кућа весело пролазило са музиком, са
сватовима и са младом невестом.

Кад се пође за девојку са сватовима, онда се јабука
накачи(стави) на високу мотку-букову младицу више десетина
метара дужине(што вишље), на врху са малом „дивљачком"
жицом увезаном јабуком.
Тако се постави високо јабука да се постави „препрека" момку
да је што теже погоди пушком.

На капији обавезно стоји неки „бркајлија" са кожним капутом
од јагњета-кожуком, па „дрвеноном сабљом" тако прети и
показује где треба да се погоди јабука- па ће тек онда момак и
сватови да уђу у авлију и узму девојку.

Наравно са момком у „помоћ" је ишао и барјактар или најбољи
стрелац из сватова.
Наравно овде око гађања јабуке, момак треба да покаже да
има добро око соколово -стрелца и покаже знакове јунаштва,
које је било на цени код мушкараца у времену владавине под
Турцима, а што је остало као леп обичај на сећање тих дана
мушкости у одбрани свога огњишта.
Док сватови улазе у авлију, онда се поздрављају, ките се
„киткама", онда момак преко њему „скраћених" путева крадом
треба да крене и домогне се до девојкине собе и да тако „краде
девојку"-али обавезно треба надмудрити „чуваре" девојке-
њеног брата, кога наравно обавезно замајују младе девојке
испред куће брата девојке, да би момак несметано се прикрао
кроз прозор и ушао код млатку (невесту).

Наравно да се све то ради кроз смех и шалу-а тај обичај са јабуком и уласком момка да краде девојку и данас се врши у многим селима. Кад се уђе у авлију онда се у девојкину кућу погача кити-пола момкова а пола девојкина родбина, са парама, онда се она ломи са смехом и шалом-пољубе се момак и свастика(сестра девојке-невесте) девојка или нека друга млада девојка из фамилије, а могуће су и „краће" пара од погаче од те девојке од младожење, уколико је момак младожеља необазрив, па се поново плаћа.

Момку се дају пржена јаја у тањиру да поједе од његове бабе-будућуе таште, па се то све са смехом и шалом пропратило од свих присутних гостију у соби девојкине-невестине куће.
 Овај обичај се и данас изводи на свадбама у околини Власотинца. Онда се руча, а сватови уђу у авлију, а ако сви немогу да уђу, онда пију и играју у авлији невесте. Онда се спрема дар и ставља у ковчег, товаре кола запрежно воловска-рабажијска, која оду пре сватова у девојкине дворе.

Када се иде за дар са сватовима, обавезно се кити јарам волова са венцем и стави(тури) се једна тканица на јарам.
Са рабаџијама за дар обавезно иду:залва, зет, тетка, стрина-са ковчегом, а то је направљен сандук за девојачки дар са поклопцем.
Девојачки ковчег често бива ишаран разним шарама и са резом за катанацем да се затвори.
Махом за девојачки дар се одабирају рабаџије са најснажним воловима у село, који се обавезно заките.
Данас се обичај задржао у погледу китења кола, трактора и даровања девојке својој родбини уз музику у авлији пуне сватова. Капија и код девојке и момка је окитена и на средини

је венац са црвеном јабуком. Онда се девојка растаје са својом фамилијом, уз плач најближих-мајке, тетке, стрине и другарица.

Кад се крене са сватовима и свирком свирача-трубача(плех музике) или хармоникаша или гајдаша-зависности од времена у коме се изводио свадбени обичај, младожења и невеста се попну на рабациска кола са даром, па им се даје по једна чаша да попију са вином и празне чаше баце преко главе, а брат стоји на капију и тражи да се дар плати од оних који воде волове са даром-од будућег зета, па се у шали пазари и онда после смеха и шале се те паре ставе у ковчег са даром за девојку.

Онда се пусти рабација са даром, младожења и невеста и сватови да изађу из авлије. У песми и весељу се напуштају девојкини дворови.
После одласка сватова из дворова девојке, онда се састави мала групица момака и девојака(непаран број од   5-7), па се иде испред сватова у такозвану „Пооду".
Тамо се траже многе ствари у шаљивом тону-да се послуже од стране момачке послуге, например тражи се да се донесе „буре са ракијом без данцета".

Онда у шаљивом тону послуга момка донесе „главицу црног лука"-па се смеје и одговара да је то тражено „буре без данцета".
Некада се поломи и чаша за срећу-али се плати у новцу. Та шаљива групица девојкина обавезно бежи из девојкине авлије-чим наиђу сватови са малдожењом и невестом.
И сам сам одлазио у „Пооду" и смишљао многе шаљиве смицалице послугама код куће младожење, као члан групе девоке из моје уже родбине или из роднога села негде 60-70. година 20.века у Горњем Повласињу.

Пре другог светског рата сватови са младком(невестом) су ишли да се венчају у цркву, да би потом се тај обичај насилно укинуо у време кумунизма после 1945.године, да би се ето сада на почетку 21. века тај обичај почео поново да се упражњава.

Када девојка дође са сватовима у авлију момка, испред куће је дочекује свекрва са ситом и житом-пшеница или раж и јабука, па се то жито баца преко главе, а јабуку млада невеста баца преко куће.
После када уђу у кућу-свекрва ги састави заједно да стоје на праг и кој улегне први у кућу, тај ће да командује у кућу. Данас се тај обичај са ситом, житом и јабуком и даље изводи у другој половини 20. и почетком 21. века у скоро свим селима-а махом младожења преноси младку(невесту) преко прага.

После се вечера-износе шевови(поклони за младе)-махом посуђе и ствари које ће им бити потребно за заснивање новог дома у брачној заједници. То је први дан свадбе.
Данас се при крају 20. века и на почетку 21. века ствари-поклони дају све у једном дану, јер се и свадба прави само један дан.

Приликом давања шеова-поклона (ствари), увече на први дан свадбе, дају се и банице, погаче, ракија, воће и после девојка „прође" да се поздравља са гостима-најпре иде момак (младожења), поздравља се, а онда за њим и младка(невеста)-старије пољуби у руку, а са младима се у образ љуби и рукује, а то исто чини и девока за њим.
Када девер уводи младу невесту у кућу да се поздрави са гостима, изговара ове речи:"*Добардан гости, ево водим вам сунце и месец*".

Млада невеста иде да сваког пољуби у руку као поздрав-слева на десна прво почне од кума, старојка, свекра, свекрву и онда са осталим гостима.

Свако од гостију у руку јој даје добровољно новац онолико олико ко је у вези родбинске линије са домаћином. старојка и онда са осталим гостима

Девер (брат младожење) купује ципеле младој невести. Снајка не жели да обуче ципеле док не стави паре, јер је наводно ципеле жуљају. Предходно, пре младожење долази девер и снајку обува.

Брат предаје сестру деверу и он је изводи испред сватова и предаје младожењи.

Предходно је младожења на „споредан улаз" уалзио да види младку, пре сватова у девојачке дворе.

Свако од гостију приликом „поздрављања"(руковања) даје паре (новац) младкој (невести) онолико колико се има и према близини родбинске везе-за поздрављање(руковање).

После ноћног весеља, кум и старојко(побратим-стари сват) се испраћају музиком до места где ће отићи на спавање. Некада у свој дом, а некада у неку другу кућу где ће отићи на спавање-ако су из далека дошли на свадбу.

Другог дана свадбе-ујутру када девојка устане са свирачима иде на воду са тестијом на сеоски кладанац-извор.

Наравно њу води „младоженски" -то је махом зет момка-који са китеним кондиром обавезно зове госте за свадбу, иде са китеним кондиром по кума, старога свата и увек иде први са кондиром и даром-пешкиром и везаном кошуљом све док траје свадба.

Од младожењине авлије до извора-кладенца, прати их музика-често свирачи трубачи, аи некада и хармоникаш или у прошлости су то биле гајде или зурле са тупаном или дудуком.

Ујутру наравно негде се задржао обичај да ујутру свекрва из свадбене постеље износи „бели чаршав са мрљама крви"-као знак „поштења"(невиности) -на вратим собе и свима показује, а музика свира том радосном тренутку свекрве, да јој снаја долази у кућу као честита девојка.

Било је и пошалица да се у неким селима свирала и музика док су млади, имали прву брачну ноћ у постељи.
Кад девојка дојде од воду, момак је згрејао ракију и девојка дава на сви да пију који су ишли сас њу на воду. После момак и малодоженски(зет момка) иду по кума и по старејка са свирачима.
Младоженски (зет)-кондиром зове родбину момка за свадбу и тада се новцем кити кондир, наравно и са цвећем.

Младоженски обавезно носи преко рамена пешкир и кошуљу као дар и то све док траје свадба.
Тај обичај и данас траје, само делимично. Младоженски са китеним кондиром првог дана са музиком срита(сусреће) кума и старојка када пооде на свадбу.

Другог дана када долази родбина девојке у авлију младожење-ките се „пријатељи" и новац се ставља за китење, а то ради нека млада девојка из родбине момка-а новац за китење остаје тој девојци.
Када се седне за столом од стране девојкине родбине, онда се „пријатељу" даје грејана ракија-ако је девојка *„поштена"*-невина.
Постојао је и обичај, ако је девојка „поштена"-невина, онда се то исказивало тако што је „младоженски"(зет момка) када је звао(викао) *„пријатеље"*-девојкину родбину у *„Великим гостима-Големим гостима"*- *„Презовцима"*, и то врућом ракијом.

Док ако је била „непоштена" – онда се „*пријатељ*" вика
се(звало се) се „хладном ракијом"-то су били „*Велики гости-
Големи гости*"-„*Презовци*".

Кад другог дана стигну „пријатељи"-родбина девојке у
гостима код младожење-тада се постави ручак и девојка
издарује кума, старога свата, свекрву, свекра, девера, јетрву,
залву и сву ужу родбину. После ручка је весеље за столом и
игранка у дворима момка или данас пред кућу момка.
До пред крај 20.века махом свадба се правила два дана-један
дан се ишло по девојку а други дан се позива родбина девојке
у гостима.

После се прешло на један дан заједничког свадбеног весеља.
„*Пријатељи*" се испрате музиком, као и кум и стари
сват(побратим-старејко).

Трећи дан свадбе је била „Патарица"-где је гостовала послуга
на свадби-послуга(послушачи)-, подрумџија,конобари и кувар
из села, вични том послу.

После два три дана или недељу дана или месец дана правили
су се „*мали гости*" у кући девојке, где се сакупи најужа
фамилија родбине мадожење и младе (сада у браку) и са
кумовима, старојком, и најужом родбином са музиком
(хармоникашима у другој половини 20 века)-одлазили у
„непарном броју" када се ишло у сватовима по девојку, а у
„презовцима"(Големи гости-други дан свадбе) се ишло 30
гостију у парном броју код „пријатеља"-бивше девојкине куће.
Ту се спремала гозба, пекло прасе, пила грејана ракија,
правила баница, кувао купус на огњишту и веселило уз песму
и игру до самог мрака.

То весељење је трајало у зависности од удаљености родбине младожење и младе, која је сада у други дом нашла свој почетак живота у заједници друге породице.

Тога дана(као и у *„Великим"* гостима-Големим гостима")- *„Презовцима"*, махом су младе снаше често пијаним млађим „приатељим" у шали подметале разне подметачине-од „кокошје ноге" у џепу, до стављања низе црвених паприка око врата или главице лука у џепу.

Често се надметало у пићу и шаљивости на обадве стране. У мраку, када није било струје у планини, уз лампу петролејку се могло пијаним гостима свашта „подметнути"-да би се то касније у шаљивом тону препричавало месецима по околним селима или на пијаци у Влаасотинце или када се оде у печалбу.

„Подрумција" је водио рачуна у свему што се издавало из „подрума" куће момак-алкохол, каце са сиром и трошијом, печење, мезе, даровнице, а био је одређен да води рачуна и о „стругарима".

То је била група момака која је долазила из суседних села да се провеселе уз ракију која им се даје на свадби од стране „подрумције" у ноћним сатима када се доведе девојка са сватовима у момкову кућу.

Било је и незгодација када су *„стругари"* крали сирење (сир) из каца, месо(шушенице-сланину) а и уз алкохол често оргијали и ломили плотове и обарали стогове сена, ако нису били „почаствовани" на свадби од стране „подрумције" и послуге-где их је један обавезно послуживао.

Они су служили и да се о свадби препричава-као „гласници" или по доброј или лошој направљеној свадби домаћина куће младожење.

Данас се свадбе при крају 20. века у приградским селима праве под шаторима-да би се на почетку 21. века прешло на један дан по кафанама и хотелима, где госте служе професионални конобари и кувари.

Наравно изводе се неки обичаји попут гађања јабуке, онда „бријања момка", „ спремање девојке", онда „куповине девојке од стране момка", онда размена дарова и погаче и „ракије"-„пријатељење" уз размену здравица из „укитених" флаша-негде се још китеним кондиром зове за свадбу.

Остао је обичај да музика иде по младу са сватовима-па онда се колима пребацују сватови до хотела. Остао је обичај са китењем капија, онда са ситом и јабуком и преношењем младе преко прага.

У хотелима негде младе се „поздрављују"(рукују се са гостима и свако даје „на руку" новац младој невести, а поклони-ствари младунцима-младожењи и невести)се негде износе у хотелу и дају се уз музику, где се сакупљају и односе колима у дом младожеље, а негде се то само ставља са стране, а неки само напишу на поклон име и презиме и само сеодлази на заједнички ручак момкове и девојкине родбине у неки приватни хотел или кафану.

Уведен је један нови обичај да се „сече" торта у хотелу и то направљена на више спратова уз плех музику-трубача, где се уз угашено светло и уз свеће улази у свечарски део свадбеног весеља, где се на торту одлази по парче само ако сте у ближој родбини или неудата девојка.

Онда се одиграју неколико народних кола и после тога се нставља у весељу уз кафанску музику са певачем уз микрофон. Остао је обичај да се после „размена" прстења-венчања уз „потпис сведока:кума и старојка" у општини приликом венчања- када млада невеста изилази испред општине, кум баца „ситан новац" и деца га сакупљају, а некада је и млада невеста бацала „букет цвећа" преко главе-а данас се баца у хотелу или кафану, па по веровању - која девојка га ухвати онда ће она да се прва уда.

Неки брачни парови-а сада је то на почетку 21. веку и постао ставр „престижа"- се венчавају у цркву, док је то некада пре другог светског рата постојао прави ритуал венчавања у црквама у власотиначком крају.

После свадбе негде до 60.година 20. века младе снајке у селима Повласиња су крштевале децу-дечаке и девојчице милостивим именима(наденуле имена):"Брацо, писаре, убавенко, голубе, грађанине,писаре, вилдане,грлице, славујке, вилданке, голубице, грађанке и другим милостивим називима који су били жељени да се буде у том времену.

Често се младост и лепота поистовећивала са најлепшим птицама које лепо певају, неком младом дрвету које је танко, витко и лепо, као и са жељеним статусом живота о неком бољем начину живота у граду. Често су биле жеље да се и досегне величина писмених варошана у градовима, где се маштало о бољем животу без сиромаштва и беде.

И писац овог текста као дете је од милостивних снајки добијао милостиве називе:"Брацо, писаре, господине"-што се ето можда и његовг сан остварује да и заиста постане „писар"-просветни радник, па и бави се писањем.

Наравно да су младе снајке добро чуване од стране деце. Тако смо им „повраћали" стада оваца и говеда на пашу, брали смо им прве прве заруменеле дивље јагоде у топкама , прве зреле дивље трешње, прве зреле дивље шљиве и „гулили" букову мазгу (течност испод коре) у котаркама-а за узврат добијали њихову нежност- исказану љубав према дечацима и девојчицама од младих снајки на село у времену када су младожење и наши очеви одлазили лети у печалбу.

1.3. Записи старих свадбених обичаја:

1.3.1. Планински засеок ПРЕДАНЧА, село ГОРЊИ ДЕЈАН (власотиначки крај):

Некада када се у кући има одрасли момак за женидбу, отац или старији брат су одлучивали коју би девојку желели да виде у својој кући и одлазе њеном оцу да је просе за снају.
Отац младожење са собом је поведеио још неког блиског рођака . такве просце су се звали „наводаџије".
Оваква посета будућем *„пријатељу"* била је преко неког рођака најављена. Одлазило се касно увече.
Њих је тада већ „пријатељ" очекивао.
После уобичајених поздрава, наводаџије кажу зашто су дошли, те се разговор усресређивао на уговарање свадбе.......

Деда *Владимир Илић*(1881.године) у *запису* из 1975.године- причао је како се женио *Милија(Гаврилов* отац-*Гаврил* учесник балканских ратова из *фамилије Младеновић*) који је живео у *Г.Дејану, махалаЛевеново*, који су се касније као овчари доселили у *Преданчу*.

На његовој свадби свирало се само у *свиралку дудук*, а ишао је за баба *Станију (тада младу невесту)* са сватовима по девојку са коњима у *Попазикинци села Јаковљево, близу реке Власине до Горњег Ораха.*

Тада се са *барјаком* ишло напред у сватовима по девојку .
Дда *Пејча* је *украо девојку* (одвео је без питања њених родитеља-без договора девојачких и момачких родитеља).

Кад се *девојка украде* –у суботу увече се не спава(кад се девојка украде) и у недељу се иде у цркву, кад се измире родитељи девојке и момка.

Онда се ишло на „*испит*" код *попа*-питају да ли се сам жениш, пита се у цркву, да ли си род, волиш ли га?

- Кад не би га волела, не би ни дошла са њим, тако су одговарале девојке пред попом.

Наравно за „*испит*" се плаћало *у напионима.*

Момак плаћа за девојку 10 напалиона, а попу следује 3 напалиона.

Најбољи свирач у времену 19. века *зурлама* је био *Златко циганин* из село *Залтићево*, а у првој половини 20. века у *Преданчу* је био најбољи свирач *Трајко Андрејевић* гајдаш-јер су сeве свадбе тада правиле са зурлама и тупаном, а касније са гајдама.

Често се свирало заједно са *зурлама и гајдама на свадбама.* Свако село је имало своје гајдаше, а у *село Добровиш* кажу да је било и преко *30 гајдаша.*

У село Добровиш гајдаша је било све до краја 20. века.

Андрејевићи из Преданчу, су имали кумове из Власотинца од фамилије Ристић

(Поповић- насељени из села Бориног Дола)-који су на свадбе као кумови у Преданчу долазили само са једним балоном(картом) власотиначкога вина.

Запис:1975.године, махала Преданча село Горњи дејан, СО-е Власотинце, република Србија

Казивач: *Владимир Илић* (1881.г.) ваљач и воденичар, учесник балканских и првог светског рата, приповедач, махала Преданча, с. Горњи дејан, општина Власотинце, република Србија

Забележио: *Мирослав Младеновић* локални етнолог и историчар Власотинце, република Србија
*

Фото запис 1950.године са свадбеног весеља у планински засеок Преданча села Г.Дејан, Власотинце:- Млада невеста Лепосава(девојачко Андрејевић, Преданча, 1934.) и младожења Вукашин Младеновић(1932.г.)...
*

* * *

1.3.2. Свадбе и свадбени обичаји у село Црнатово (Власотиначки *крај):*

Данас су свадбе лишене једног дела лепих обичаја и обреда. Раније је много више пажње било посвећено фоклорној страни свадбе а мање јелу, пићу и поклонима. Некадашње свадбе подразумевале су *„извођење свег реда".*

Просидба:-Просидба је била почетак. По договору родитеља с једне и друге стране одлазило се у просидбу. Дуго времена ишло се без момка, а касније с њима.
Просци су увек примани срдачно, али и с дозом опреза.
Било је неуспелих *просидби* због неодмерених материјалних захтева с момкове стране.
Разлог доласка, иако је био познат, није саопштаван одмах. Он је саопштаван у току разговора о свакодневним догађајима у згодном тренутку. Понекад је исказиван у алегорији, што је било пригодно и лепо.
Ако су момак и његова породица били у вољи оца и породице девојке, понуда је прихваћена и *„пријатељство"* склапано.
Удавача није дотле није присуствовала разговору, па је позивана да се поздрави с *просцима.*
У даљој прошлости каткад је то била и прва прилика да девојка види будућег супруга, поготову ако је био из удаљенијег места.
Ако није било обостране воље или је „искрсао" разлог у току просидбе, просци нису грубо одбијани, већ „дипломатски", као код Сремца, у стилу:" *девојче нам није за давање",* или је још „млада", или није спремила дарове, или је тражен који други разлог.
Склопљено „пријатељство" је оглашавано пуцњима из пушке. Тек онда је постављана вечера, која је протицала у лепом расположењу и пријатном разговору, зачињеном шалом на рачун младих.

„Испит“:-После *просидбе* следио је *„испит“*, који се обављао у цркви.

Момак и девојка су с родитељима одлазили свештенику да *„испита“* младе. Пред њим су они потврђивали своју вољу о уласку у брак.

На неколико дана пред свадбу, уторком или четвртком, правила се *„просидба“*. Уз гајде, касније уз хармонику, договорени број гостију с момкове стране, углавном жена, одлазио у девојачки дом носећи јој на *синији одећу за свадбени дан*. У ствари, то је била прилика да се види како се девојка спремила, колики и какав дар има, и да се договори размена дарова.

*

„Кондирџија“ са китеним кондиром и „списком“ званица у с. Крушевица у другој половини 20. века......

*

Кондирција (*младоженски*"), обично је један од промућунијих зетова с момкове стране, у договору с домаћином, позивао је на свадбу с „*кићеним*" кондиром.

Он је званице обавештавао о важним појединостима везаним за свадбу.

Позвани домаћин отпио би и наздравио, потом долио ракије и ставио новчаницу на кондир.

Свадба је трајала *два дана*.

Првог дана девојка је довођена у нови дом, *други дан* је био резервисан за госте с девојчине стране.

Увече, уочи свадбеног дана, музика је најављивала свадбу. Сутрадан, свечаност је почињала ношењем „*китке*" младој. Неколико девојака с момкове стране, праћено музиком, одлазило је у младин дом да помогне у њеном *кићењу*.

Следило је довођење *старог свата* и *кума*. По њих је, такође с музиком, ишао младожења. За то време сватови су се окупљали.

Полазак по невесту оглашаван је пуцњем. Пред улазак у њен дом, *младожења* је *обарао јабуку* окачену изнад вратанца.

Чин извођења невесте пратили су лепи лепи обичаји и они су сачувани и данас.

Товарење дарова било је прави ритуал. Најпре ковчег, а потом сва девојачка спрема. Пажњу жена привлачили су нарочито предмети ручног рада, од черги и чаршава до везаних јастука и пешкира.

Уз музику растанка и емотивне песме, млада је полазила из родитељског дома, за њом су ишли сватови и запрега с даровима.

Венчање је обављано у крушевачкој цркви сабора светог Арханђела Гаврила (*црквени бракови*) и, касније, од средине прошлог века, у месној канцеларији у Бољару (*световни бракови*).

Долазак невесте у нови дом такође је био врло ритуалан и с много симболике. Најпре јој је давано мушко дете, „*наконче*", које би она више пута подизала и спуштала, потом би бацала јабуку преко кућног крова, отпијала вино из чаше коју би јој дала свекрва, из сита би „сејала" пшеницу а онда сито закотрљала по земљи.

Праг дома „мазала" би машћу или медом, а потом су она и младожења, опасани тканицом, прескакали праг. Млада се враћала у двориште да полива при „прању" руку старом свату, куму и сватовима, што су они симболично плаћали.

Ручку је претходила „*поода*", долазак неколико девојака и младића из невестине фамилије, која је „уходила" младенце. Указивана им је посебна пажња и при дочеку и за столом и на испраћају.

Следио је *свадбени ручак*, који није могао бити без: *јаније, купуса с овчијим месом и печењем*. Том Међутим, главни догађај био је дочек њених гостију.

И на крају, узвратни, младожењини гости, „*презовци*", после неколико недеља, присуствовали су завршном чину свадбених свечаности.
*

Фото запис из половие 20 века у село Горња Ломница(Власотинце), република Србија (девојка се удавала у с. Црнатово):- Док се девојка премењује, свирачи(трубачи-плех музика ЛОПУШЊАНИ:-пева и свира трубач Сотир Илић(са качкетом-Г.Лоушња), кланеташ:Станислав Величковић-с. Равна Гора и остли: тупанџија и БАСОВИ-велике трубе из рода Станковић Г.Лопушња) са сватовима у девојачким дворима пева свадбарско- сватовске песме..... Занимљиво је да су са равноделцима(Из рода Ицић:Никола(тупанџија), Цане(бас труба) и трубач(Цане "гулавеза" Јовановић из Равног Дела са Сотиром (трубачем) и Станиславом(кланеташом) свирали свадбу 1974.године АУТОРУ овог текста у планински засеок Преданча, села Г.Дејан(Власотинце)..

* *

1.3.3. Запис:село Средор (власотиначки крај)

Баба Риска Станојевић (има око 100 година, чувала овце у село), *запис* из 1977.године, село Средор:
Као девојка-млада невеста њена мајка носила је ален свилен превез, свилен кушак преко леђа, бојелек као млада невеста носила испод вутарице, имала ципеле и шарапе.

Татко и мајка су ишли по девојку када је требало да се жени и удаје. На свадбама се користили музички инструменти гајде и зурла. Баба Риска се удавала око 1900.године.

У прошлом веку (19. веку) неки Илија звани Дрангулија био познат као препродавац девојака.Био много леп и просио девојку за њега(иако је био ожењен) и после је препродавао за другога, а девојка се није смела више враћати својој кући.

Запис: 1977.године, село Средор, Власотинце, република Србија

Казивач: *Баба Риска Станојевић* (има око 100 година, чувала овце у село), запис из 1977.године, с. Средор, Власотинце

Забележио: *Мирослав Младеновић* локални етнолог и историчар Власотинце, република Србија

* * *

1.3.4. Свадбе и свадбени обичаји у село Кална (црнотравски крај):

Свадбе у *село Кална,* прављене су зими, најчешће у јануару и фебруару, и биле су богате лепим и веселим обичајима. Почињале су са *такмењем* девојке (веридба), која се у суштини састојало у званичном договору родитеља момка и девојке, јер су у већини случајева они одлучивали ко ће кога узети.

Ако је договор био успешан, *момак је „дал паре на девојћу"* (капарисао је) и тиме је *такмење* озваничено. То се саопштавало пуцњем из пушке и свирком гајдара, после чега се веселило и играло све до ујутру.
Због бојазни да неко не претекне и преотме девојку, а и због бруке ако *такмеж* не успе, одлазак на такмеж био је тајан и вршен је у касним вечерњим часовима.

Неколико дана после *такмежа* момак и девојка, заједно са родитељима, одлазе код попа на *„испит"* и пред њим изјављују да се узајамно воле и да пристају на брак. После овога почињале су припреме за свадбу.

У случају да се девојка „пишмани" и „врне паре" момку, а то је за њу била брука, а за младожењу увреда, онда је долазило до крађе девојке и њеног присилног одвлачења момковој кући, што је опет оглашавано музиком и игром.

Дешавало се, нарочито између два рата, да девојке, које нису прихватиле одлуку родитеља да се удају за онога кога су им они одабрали, побегну за онога кога су волеле.
То је, такође, оглашавано музиком и игром. Ова бекства су значила да се постепено будила свест код девојака о самосталном одлучивању о својој будућности и тиме су полако

превазилажени стари патријахални обичаји, да родитељи одлучују о избору супружника.

Свадбе *су трајале три дана.*
Првог дана у рану зору окупљали су се сватови (већином мушкарци), а по кума и старог свата се ишло музиком. После доручка сватови су, бучно свирање плех музике, ишли по девојку. Испред девојачке куће чекала их је девојачка *стража* (рођаци девојке) и није их пуштала у кућу све док пушком не оборе јабуку. Јабука је била на врх мотке, дугачке по десетак метара, и причвршћене за највишу грану, на највећем дрвету, које се налазило у близини девојачке куће.

Када је дувао јачи ветар мотка се љуљала, па је понекада сватовима требало по сат или два да погоде јабуку. Неки сватови су покушавали *кришом* да уђу у кућу, служећи се при томе разним лукавством, али им *стражари* то нису дозвољавали све док се јабука не обори.

Свату који јабуку дариван је пешкир, а чешће и чарапе. Ови дарови су били окачени на мотки испод јабуке. Док су сватови, по уласку у кућу, мезили и пили врућу ракију, девојка је у посебној соби облачила ново рухо-литак, кошуљу, *цревје* (ципеле), *кадиве*(кратак капут од кадифе) дар момка, а њене млађе рођаке су је китиле и стављале јој „*превез*" (вео) преко главе. Тог тренутка девојка је постајала невеста. Из собе је изводио њен рођени брат, а која га нема најближи рођак, и тада је морала да *целивује* у руку све присутне госте-сватове и њене рођаке, који су позвани на *прид* (ручак после одласка сватова). После овога износила је своју *рубу* (девојачка спрема) и даривала најпре онога ко је из собе извео, а затим свог оца, момка и његове родитеље, кума, старог свата и остале сватове.

41

Младожења је највише сариван. Добијао је лепо изаткану *постељћу, узлавћу,* кошуљу од америкаn платна, чарапе, рукавице, пешкире и друге ситнице. Сличне дарове су добијали кум и свекар, а свекрва је најчешће даривала новим литаком са кошуљом.

Момка су саривале и невестине рођаке, најчешће кошуљама, а момак је даривао ташту кратком *дрејом*(капут). Дарови су ношени на леђима да се виде, па су за омањег и физички слабијег младожењу били прилично оптерећење.
Остатак *„рубе"* је товарен на сватовске коње и после венчања одношен младожениној кући.

Узде и прапорци сватовских коња кићени су разнобојном ресастом хартијом и малим белим пешкирима, па када су се тако окићени сватови поигравали и утркивали снежним пртинама на путу до цркве, личили су на разлетеле шарене лептире.

Цела свадбарска поворка, на челу са барјактаром, била је свечарска. Шаренило боја, здравице, весело подврискивање и *„иу ју"* ни *„о..хо",* потезање окићеног *„оканика"* са врућом ракијом, преламање звука *„банде"* и *„тупана"* преко долина и долова, и та општа раздраганост била је импозантна а на младенце остављала снажан утисак и незаборавну успомену. За време венчања, испред цркве је играно коло у које се хватала сва младеж која се ту затекла. Ако су биле две, или више свадбе у истом дану, (у каланској цркви су се венчавали младенци из Преслапа, Грацке и Јабуковика), онда је тог дана испред цркве била маса веселих људи.

Увече, после венчања у младожењиној кући окупљали су се сватови, али сада са својим домаћицама, а долазили су и други гости. Доносили поклоне, а кум понајвише.

Доношене су шерпе, лонци, кашике и виљушке, ближа родбина ћебад или јорган и закланог овна, а кум, још и поклон за невесту-*крпе* са ђулом, нешто од накита и слично.

Све ове поклоне, са обавезном *ђитком* омотаном разнобојним власима вуне као *симболима српства*, гости су стављали на сто испред себе, на тепсију са погачом и баницом.

Предавани су невести пре вечере и преузимао их је и саопштавао зет младожење, непрестано играјући уз тиху музику *размењушку*.

Невеста је редом љубила у руку све дародавце па и њихову децу ако су била за софром. После овога, невеста је са девером поново обилазила госте, и служечи их чашом ракије скупљала новац. Том приликом је деци, из уже родбине младожење, надевала разна имена којима их је називала целог живота, као на пример:*везир, јабланче, убавенко, писарче* и друга мушка, и женска: *сеја, седевка, убавица, ђуленце* итд. Те ноћи весеље је трајало до зоре, а онда су гости испраћани музиком до капије, а кум до своје куће.

 Тог дана певане су и две песмице невести.

Прва при извођењу пред сватове, њеној кући. Када се предаје у руке младожењи:
"Предај се девојћо у туђе руке
У туђе руке у туђе муке,
..............................".

Друга песма, када се раскићује после примања дарова у младожењиној кући.

Сутрадан (други дан), навече, настављено је са весељем, али без већих церемонија. Више се јело, пило и играло.

Те вечери била су два занимљива обичаја, која су подсећала на давна времена.

Два или три блиска рођака младожење, обично су то били зетови, облачили су стара и поцепана одела, лице гаравили угљењем, китили се кучином и разним крпама да их не би препознали, и са *кросном* преко рамена претварали се у „*наоружане спахије*".

Обилазили су младожењину родбину и из кокошарника хватали кокошке и од домаћина „под претњу оружја" тражили суво месо, сланину и друго.

Све то доносили су усред весеља. Након кратког поигравања „пленом", кокошке су клане и спремане за госте.

Овај обичај је алудирао на турска времена и пљачке од стране спахија и других зулумћара.

Други обичај је обављао стари сват који је те вечери, уместо кума, био главни гост. Он је на сто, испред себе, стављао гранчицу са набоденим јабукама, које је „*продавао*" за рачун младенаца. „*Стражу*" су чували његови ближи рођаци, а гости су кроз ценкања око јабука покушавали да их не плате већ да их „украду". „*Стражари*" су „*лопове хватали*" и од њих наплаћивали дуплу цену од „*продајне*" цене јабука. Овај обичај подсећао је на крађу као порок.

* *

1.3.5. Запис 1972.године са свадбе Душана Петровића у село Преданча:

- Када сам дошао 1971/72.године из војске-тада радио као наставник у село Тегошница, није било никаквог изостајања када су биле у питању:игранке, вашари, верски сабори и свадбе у село или околини.

Увек сам са собом носио фото апарат и бележио траг живота. Када се женио мој друг из детињства Дуле, с којим смо чували стоку у село, играли се крпењачом по забрањебним непокошеним ливадама-била је моја лична обавеза да се тог дана упутим у сватове по девојку.

Девојка, ни мање ни више него из село Црна Бара, удаљена са једне стране на другу стране двеју планина:огранка чемерника(Острозуб-Букова Глава)-до планине Крушевица (Бабичка гора).

Требало је препешачити у једном правцу више од 20. километара;а још обавити обредне радње са сватобима и са пуних 40 километара се вратити у предвечерје, како би млада могла да обави ритуалне радње, пре уласка у кућу и настављања кућног весеља у момачкој кући.

Направио сам доста фотографија с те свадбе:фотографисоа све обичаје и гађање јабуке, али од свега тога су само остале две фотографије-које ћу овде да приложим.
Пре тога да у запису истакнем један тада за мени неугодан доживљај. У свако село су постојали различити обичаји.

 Тако у село Црна Бара када смо сви сватови стигли, послужили су нас једино купусом скуваног на огњиште у великом свадбарском котлу.

Мало у шали сам се „правио важан" код девојака, да ћу ја да чекам баницу, а када сам изашао да фотографишем-већ је мој тањир био празан.

Тако ја остадох и без свадбарског купуса и без „банице". Наставимо пешице преко села:Бољаре, Равни Дел и у мраку некако стигосмо са младом и сватовима у родно село у планину.
Када смо прелазили равноделску ћуприју и кренули пешице према селу равни Дел, онда сам морао да тражим и сакупљам дивље крушке да једем, како бих утолио глад и и уздржао пешачење са сватовима до села.

Тако је касније на мој рачун настала шала:" у сватове прво једи шта ти се прво даје, јер ћеш остати гладан као у Црној Бари". Време се променило а и обичаји. Касније су се спремала више јела и мезелуци и печења и колачи, па нико више у сватовима није остајао гладан.

* * *

1.3.6. ШАЉИВО НАВОДАЏИСАЊЕ

Волели се двоје младих сиромашних. Мајке момка и девојке су се састале да шаљиво се надмудрују у наводаџисању у хвалоспеву-на шаљив начин.

Мајка је хавилисаво говорила о своме сину, кога треба да ожени, а друга мајка ћерке се хвалисала са својом ћерком коју треба да удаје.

Прво је на шаљив будућа свекрва. Имамо си све. Овако хвалисаво почела своју шаљиво-наводачиску лагарију, како су ето они веома богати:

- 1.) *Имамо си голему њиву, к'д зајури кер, он гу претрчи;*
- 2) *К'д почнемо да жњемо, жито 3 снопа нажњемо, има у сваки сноп по триста зрна;*
- 3) *Ливаде што имамо, к'д улегне косач, прти к'д мине с косу;*
- 4) *Што си имамо гору, леле мој син за јед'н д'н на рамо може да пренесе 1 нарамак;*
- 5.) *К'д појдеш на воду 2-3 сата ће путујеш, имамо си све;*
- 6) *Од ситну стоку имамо 3 овце а 5 сина имамо;*
- 7) *Од крупну стоку имамо једну краву, сас три прста гу муземо и то три пута дневно а то је 9 руку;*
- 8.) *Имамо си једну свињу и ће гу поделе пет сина;*
- 9.) *Имамо једну козу не врека, несме да врека од 5 сина ;*
- 10.) *Кер к'д га не раниш, не лаје, а к'д га нараниш он лаје..*

Запис. Фебруар 2013.године планински засеок преданча8с.Г.Дејан) Власотинце
Казивач: Зорица Станковић (рођ. 1933.г, девојачко Златковић, м. Чука с. Златићево)
Забележио: Мирослав Б Младеновић Мирац, локлани етнолог и етнограф, Власотинце
* * *

Лирске песме:

Свадбарско -Сватовске песме из власотиначкога краја- Повласиње

2. Свадбарске-Сватовске песме

Кад треба да се премењује девојка, долази се код девојке и доноси јој се премена.
Кад се млада невеста премењује, на врата стоје две и две девојке и певају:

2. 1. Премењување(Облачење) девојке(1)

„Куде је мајка ,да види бел' премене
Мајка меси бел' погаче-не види
Куде је татко да види
Татко броји жуте паре-не види
Куде су браћа да виде
Броје бел' премену-не виде
(„*Поје четири девојке-две по две се изменјују, набрзину се пева, не рзвлачи се-исто се поје као у лазарице*)

* *

А када девојке премењују девојку момка, онда оне певају песму:

2.2. Премењување(Облачење) девојке(2)

„Сплитајте добру девојку
Викајте мајку да види
Мајка невиди
Спрема бел' погаче
Викајте татка да види
Татко броји жуте паре-не види."

(„Поје четири девојке-две по две се измењују, набрзину се пева, не развлачи се-исто се поје као у лазарице)
Запис: 1981. године село Крушевица
Казивач:баба Јулка Лепојевић(1900.г, девојка и удата у село Крушевица, а песме се певале између 1912-1945године. Неписмена. Забележио: Мирослав Младеновић наставник ОШ "Карађорђе Петровић" село Крушевица, СО-е Власотинце, република Србија и локални етнолог и историчар

*

Када се девојка премењује често се певала и македонска песма:

2. 3. Црешња се од корен корнеше

„Црешња се од корен корнеше,

Девојка се од мајке делеше (2)

Проштевај, мајко, проштевај

Проштевајте мили роднини (2)

До сега сум маја у слушала

Од сега ће слушам свекрва (2)

Од сега ће слушам свекрва

Свекрва, свекар и јатрва(2)

Свекрва, свекор јатрва

И најмалото ми деверче (2)

Запис: 1979. године село Доњи Дејан
Забележио: Мирослав Младеновић наставник ОШ "Карађорђе Петровић" село Крушевица, СО-е Власотинце, република Србија и локални етнолог и историчар

* *

О девојачким даровима говори и песма:

2.4. Шта се бели у планини
Шта се бели у оној планини?
Дал' је иње ил' бело ковиље?
Нит' је иње, нит' бело ковиље,
Већ девојка дари распрострала.
Запис: 1985. године село Бољаре

Казивач: Нада Ашанска((По казивању Наде Ашанке-Ашанска(грци) сточарска породица живела на бачији сама у планини између села Комарица и Црна Бара, а доселила се у село Бољаре крајем 20. века; подвукао М.М)
Забележио: Милосав Миловановић-Бољарац, учитељ и професор руског језика из с. Бољаре, живи у Бачку Паланку
* *

Момку-младожењи:
Кад се момак премењује(облачи)-девојке му певају песму:
2. 5. Премењување(Облачење) момка (1)

"Викајте мајку да види,
Мајка носи бел погачи,
Викајте татка да види,
А татко си точи:

Рујно вино па не виде
....".
(„Поје четири девојке-две по две се измењују, набрзину се
пева, нерзвлачи се-исто се поје као у лазарице)
Запис: 1981. године село Крушевица
Казивач:баба Јулка Лепојевић(1900.г, девојка и удата у село
Крушевица, а песме се певале између 1912-1945године.
Неписмена.

Забележио: Мирослав Младеновић наставник ОШ "Карађорђе
Петровић" село Крушевица, СО-е Власотинце, република
Србија и локални етнолог и историчар

        * *
Ујутру првог дана свадбе, у дворове младожење скупљају се
сватови, мало замезе, попију по коју ракију и крену по
девојку. Када се полази за девојку, онда се момак бричи и
девојке му певају песму Бричете Павла:

2.6. Бричете Павла
„Бричете Павла не види
Зовете мајку да га види
Мајка меси погаче-неведи
Мајка спрема да види"

Запис: 1981. године село Крушевица
Казивач:баба Јулијана(Јулка) Лепојевић(1900.г, девојка и
удата у село Крушевица, а песме се певале између 1912-
1945године. Неписмена.
Забележио: Мирослав Младеновић наставник ОШ "Карађорђе
Петровић" село Крушевица, СО-е Власотинце, република
Србија и локални етнолог и историчар
        * *

Кад се иде по девојку се пева (кад долазе сватови момка, испред капије девојке су певале песму):

2.7. „Натраг кићени сватови"

„Натраг, натраг кићани сватови
Ова девојка није још за удадбу
Још има времена за удадбу."
....
Запис: 1979. године село Крушевица
Казивач:баба Јулијана (Јулка) Лепојевић(1900.г, девојка и
удата у село Крушевица, а песме се певале између 1912-
1945године у свим селима Горњег Повласиња. Неписмена.
Забележио: Мирослав Младеновић наставник ОШ "Карађорђе
Петровић" село Крушевица, СО-е Власотинце, република
Србија и локални етнолог и историчар

*

* *

Куму и старом свату(старојку-побратиму):

2.8. Појди ми, појди, млад куму

Појди ми, појди, млад куму,
Дома те чекају три здравице:
„Прва те чека да венчаш,
Друга те чека да крстиш,
Трећа те чека да стрижеш".
Запис: 1978. године село Козило
Казивач:Евгенија Здравковић, девојачко Радојичић, рођена у
село Добро Поље (Црна Трава), рођена 1897. године
Забележила: Милованка Пешић(1957.г рођена у село
Козило) удата у Власотинце, професор српског језика

* *

2.9. Пojди ми, пojди старejко

Пojди ми, пojди
пojди, Старejко,
Пojди, поступи,
Дома те чека
врућа ракија,
Дома те чека,
Црвено вино,
Пojди, поступи.
Запис: 1978. године село Козило

Казивач:Евгенија Здравковић, девojачко Радojичић, рођена у
село Добро поље(Црна Трава), рођена 1897. године
Забележила: Милованка Пешић(1957.г рођена у село
Козило) удата у Власотинце, професор српског jезика

* *

Свекрви:

2.10. Свекрво, свекрвице

Оj свекрво свекрвице
Што ти дође у наше село.
Да ли заткив да заткиваш
Да ли завез да завезуjеш
Или заплет да заплетеш.
Бити заткив да заткивам
Нити заплет да заплетем
Но сам дошла по девоjку.

Запис:1976.године село Бољаре, Власотинце
Казивач: Милошевић Олга село Бољаре
Забележили: Љиљана Милошевић ученица и наставник
Мирослав Младеновић ОШ "Карађорђе Петровић" село

Крушевица, СО-е Власотинце, република Србија и локални етнолог и историчар

УМОТВОРИНЕ ИЗ ВЛАСОТИНАЧКОГА КРАЈА-ПОВЛАСИЊЕ
Обичаји, веровања, изреке,народни говор, здравице, загонетке, народни рецепти и лечење лековитим биљем, Аутор: Мирослав Б. Младеновић Мирац локални етнолог и историчар, јун 2007-2015.г. године Власотинце, република Србија

* * *

3. ЛЕГЕНДА О СВАДБЕНОМ БАРЈАКУ

Ишао турски порезник да сакупља порез по селима и тражио порез од једне сиромашне жепе (дсвојкс) у селу Јаковљево обраћајући јој се речима: „Стани ми на постељу." А жена му одговара: „Ниси плаћен да ти жене 'стану на постељу'. Но да наплаћујеш вергију (турски порез) и да идеш кући."

Онда је Турчин опсовао, а све је то брат слушао на вратима. Брат те девојке (жене) је одмах отишао и казао бегу у селу, а бег је најурио тог Турчина из села.

У другом селу хтели су на силу да одведу младу невесту-Српкињу, па се онда Срби сакупише и договорише да томе стану напут.

Наравно да се је тада плаћала и свадбарина. Ту где су се договарали направе барјак и закуну се под њим да не даду Турчину девојку-невесту, па побију ту све Турке који су тражили да спавају са Српкињама пре удаје и на самој свадби.

Остали су се Турци разбежали. Од тада су се Турци плашили када виде барјак, и више нису смели да иду по српске жене и девојке да их осрамоте.

Зато се од тога дана носи барјак у сватове међу Србима у овом крају на свадбена весеља.

У време владавине Турака, један од великих намета-пореза, била је и свадбарина.

Народ се тада бунио и нападао харачлије. Тако су се у селу добро Поље жалили чак у Цариграду.
У селу Горња Бистрица је 1888. године, у кући Совке Милчић урађена и слика „Марко Краљевић укида свадбарину.“

У другој књизи „Србија-земља и становништво“, Феликс Каниц преноси својим цртежом изглед те зидне слике.

Та слика из бистричке кафане је 60-их година 20. века уметничком представом одсликана на зиду грађевинске школе у Црној Трави.

Запис: 1975/77. с. Јаковљево, Г.Дејан(махала Преданча), и Златићево, Власотинце
Казивачи:*Тоза Арсић* (солунац) с. Златићево, *Владимир Илић* (1881-учесник ратова 1912-1918)) и *Љубомир Крстић* (1903) с. Јаковљево, Власотинце
Забележио: *Мирослав Б Младеновић Мирац* (1948) наставник ОШ „Карађорђе Петровић“ с. Крушевица, Власотинце

* * *

4. СВАДБАРСКЕ ЗДРАВИЦЕ:

4.1. ЗДРАВИЦА (Свадбена):- *Ајде добро за много што арно Бог нека даје.*

Срећни зелени венци, срећни дуговечни да Бог нек нам живи, Бог нека их велича, бог нека им поживи очеви и мајке, браћу и сестре, бабе и деде, ујке и ујне, тетке и тетинови, кума и старог свата-старејка.

Нек смо живи и здрави. Нек су сви живи и здрави за много лета.

Нек ни цветају као пролет, нек ни везу као јесен, нек ни остаре, нек ни обеле као старе планине.

Нек сваком бог помогне, а ми ћемо ову здравицу пити у пићу нашим пријатељима и боговима. Нека нас све бог чува и живи били за много лета.

Запис: 1978.године село Бољаре, Власотинце
Казивач: Славко Коцић село Бољаре, Власотинце
Забележжили: Гордана Богдановић ученица и наставник
Мирослав Младеновић ОШ „Карађорђе Петровић" с.
Крушевица, Власотинце
*

4.2. ЗДРАВИЦА (Кумова-свадбарска):-Ајд помози боже, данашњи дан-све помогне, од рада вајда, што радили-вајдили. Срећан дан, срећан рад, срећно весеље, нека су срећни зелени венци и нека су живели младенци, који се састају од данас па на завек. Нека остареју као старе планине, нека обелеју као бели снегови, нека цветају као пролеће и везују као јесен. Нека се слажу као снег и со. Што им мило, нек им је живо, а што им је драго. Бог нека им помогне. Бог нека им поживи родитељи са обе стране: очеви и мајке, бабе и деде, браћу и сестре, ујке и ујне, тетке и тетинови, кума и старога свата-старејка. Па и њи Бог да почува. Како ове године за свадбу, тако идуће на стрижбу, како ове године код ове куће, тако други пут код наше куће.

Вечито овако да се састајемо, синови да женимо, кћери да удајемо и никад да се не кајемо. Нека је жив домаћин куће, веселијега Богу у свој дом под овај кров, све му здраво и весело било, што се донело, то се попило, што остало то се непросипало, већ други пут чекало.

Запис: 1974.године село Крушевица, Власотинце
Забележио: наставник Мирослав Младеновић ОШ „Карађорђе Петровић" с. Крушевица, Власотинце
*

4.3. ЗДРАВИЦА(*Свадбарска-Наздрављање*):-

„Срећни зелени венци
Живели младенци
Да цветају као пролет
Да везују као јесен
Да се мрзе као сол и 'леб
Како сад на свадбу
Такој догодине на стрижбу
Ову здравицу пијемо
За младост.
Здрав си домаћине.

Запис: 1976.године, село Бољаре, Власотинце
Казивач: Милошевић Тихомир, с. Бољаре, Власотинце
Забележио: наставник Мирослав Младеновић ОШ „Карађорђе Петровић" с. Крушевица, Власотинце
*

4.4. ЗДРАВИЦА (Свадбарска-Отпоздрав):
„Ви пијете сви у моје здравље
А ја пијем свима вама
У ваше здравље
Нека буде све ваше
Здраво и весело
Драги гости живели.“
Запис: 1976.године, село Бољаре, Власотинце
Казивач: Милошевић Тихомир, с. Бољаре, Власотинце
Забележио: наставник Мирослав Младеновић ОШ „Карађорђе
Петровић“ с. Крушевица, Власотинце
*

4.5. ЗДРАВИЦА(Свадбарска-шаљива):-
„живели милени,
снајку смо довели
Ракију да пије,
свекрву да бије
Обојци да очукује од прашину
И од свекрвину носину
Тањири да пере
По старци да се дере.“

Запис: 1878.г село Доњи Дејан, Власотинце
Забележио: наставник Мирослав Младеновић ОШ „Карађорђе
Петровић“ с. Крушевица, Власотинце
*

4.6. ЗДРАВИЦА(Свадбарска-шаљива):-
„живели милени,
снајку смо довели
по кућу да шврља
обојци од прашину

да трљка
обојци од прашину
да очукује
од свекрвину мешину
ракију да пије
свекра да бије.
*Запис:*1976.године, с. Бољаре, Власотинце
Казивач: Криста Цекић, село Бољаре, Власотинце
Забележио: наставник Мирослав Младеновић ОШ „Карађорђе
Петровић“ с. Крушевица, Власотинце
*

4.7. ЗДРАВИЦА(Свадбарска-шаљива):-

„Живели милени
Снајку смо довели
Ракију да пије
Свекра да бије
Обојци од прашину
Да очукује
Тањири да пере
По старци да се дере
Ој винце, винце!?
„Из Власотинце“
Имаш ли личну карту?
„Немам“
Ајд у гушу
Ој ракијо
Ја ћу тебеу њше
Ти ћеш мене у трње.“
Запис: 1976.године, Власотинце
Забележио: Мирослав Младеновић, локални етнолог
Власотинце
*

4.8. ЗДРАВИЦА *(Благослов за младенци):-*да се омлади шума, да се омлади трава, да се омладе овце, да се омладе говеда и да си све иде

На младо. Млада дечица. Живели. Бог нам све дао.

Запис: 1979.године село Крушевица, Власотинце

Забележио: Мирослав Младеновић локални етнолог, Власотинце

* * *

4.9. ЗДРАВИЦА (Благослов на младенци):- Нека су нам здрави и живи младенци, нека живе у слогу и љубави. Да остаре и побеле ко старе планине. Ајд живели и весели куме, домаћине и остали гости. Ову чашу сам подигао и наздравио у здравље и срећу за наше младемце. Нека су нам благословени и дуговечни наши младенци.

Запис 1976.г. планински засеок Преданча(с.Г.Дејан) Власотинце

Казивач и забележио: Мирослав Б Младеновић, локални етнолог , село Преданча (Г.Дејан), Власотинце

* * *

5. МЛАДЕНЦИ (22 март):

Младенци су младалачки празник 22. марта сваке године, који се обележеава као дан среће и здравља читавог живота; спада међу последњим данима од свадбеног весеља брачних парова који су тек што су ступили у брак.

Тог дана, ујутру рано одлази се у бербу, тек набубрелог пролећног цвећа и дренових гранчица.

Тако на тај дан ујутру и данас на почетку 21 века и у самом граду Власотинце се ките капије тамо где је предходно било свадбено весеље, дреновим цветом са гранчицама.

* * *

5.1. Младенци у село Црвена Јабука(некада власотиначки крај-данас лужнички крај):

Младенци су празник који је обележен за срећу и здравље младих у целини, а посебно младих брачних парова који су тек што су ступили у брак.

Тог дана, ујутру рано одлази се у бербу, тек набубрелог пролећног цвећа и дренових гранчица.

По повратку кући, као из шале, дреновим прутићем шивају се децица и млади са жељом да буду здрави ко дрен.

Понегде се шибају јарићи и јагњићи да би и она била здрава као дрен.

Домаћице спремају мале коачиће, које после печења премазују медом и њиме послужују укућане и односе комшијама, рођацима, а пре свега младим брачним паровима. Ти колачићи звали су се *младенчићи.*

Посебна пажња посвећује се посети младим брачни паровима-*младенцима,* којима се уз колачиће доносе и други вредни поклони.

Иде се у кућама, честита има се празник и зажели добро здравље, а затим се остје на ручку који домаћин приређује у част парника, који је повезан са младенцима у његову кућу. То су све дивни, и за људе пријатни обичаји, без неког посебног верског обележја, који се обављају уз пуно радости, љубави и поштовања и људске топлине, уз прегршт добрих жеља којима се обасипају младенци.

Осим поклона честитки и заједничког ручка у кућама домаћина често се славље и обележавање празника одвија уз музику, песму и игру.

Свирало се певало уз фруле, гусле, гајде, а касније уз кларинет, трубе, басове, бубњеве, хармонике, па и виолине.

Била је велика срећа и понос за сваког домаћина, који је имао младенце, да у њихову част приређује кућевно славље и прихвата госте.

* *

5.2. МЛАДЕНЦИ (прича):

- *Одкарала баба јарци на планину на младенци, пола метра било зелено омлаће. Сас њу отишло и њено куче. Падне голем снег у планину, па затрпа и бабу и јарци и куче. Баба, јарци и куче се скамене од снег и от'г се вика:"емци, емци, бабини младенци".*

Запис: *1981. године село Крушевица, Власотинце, Србија*
Казивачи: *Ружа Стаменкови баба Јулка-Јулијана Лепојевић(девојка из село Крушевица и удата у село Крушевица, рођена 1990.године),село Крушевица , Власотинце*
Забележио: *Мирослав Б. Младеновић Мирац локлани етнолог, Власотинце, република Србија*
    *

5.3. БЛАГОСЛОВ ЗА МЛАДЕНЦИ:
„*Да се омлади шума,*
Да се омлади трава,
Да се омалде овце,
Да се омалде говеда,
И да све иде младо,
Млада дечица,
Живели-Бог нам све дао".
Запис 1978.године село Крушевица, Власотинце
Забележио: Мирослав Б. Младеновић Мирац локални етнолог, Власотинце

5.4. Фото запис весеља на свој дан МЛАДЕНЦИ после свадбе фебруара 1974.године (22.март 1974.г) у засок Преданча, село Горњи Дејан, Власотинце:

У времену комунистичком једоумљу као члан СКЈ-е и наставник у осмогодишњој школи, у одлучивању да се направи породично весеље на дан МЛАДЕНЦИ(22.марта 1974.г.)- имало је велики ризик да поред искључења из партије, по категорији „морално-политичке подобности" останем и без посла.

Овде ћу представити фото записе са тога дана у свом родном планинском засеоку Преданча, села Горњи Дејан(Власотинце):

Фото запис 22.март 1974.г(Младенци) с. Преданча:- Кум Јован Благојевић8из с. Ђорђина) води коло, а до њега моја тада млада невеста Стојна(1955.девојачко Адамческа из с. Црешњево, Македонски Брод-Порече, Западна Македноија), Мирослав Младеновић (1948.г.), па онда кумица....

64

*

Фото запис 22.март 1974.г.(Младенци)с. Преданча:-на пожутелој фотографији остала је успомена са весеља на МЛАДЕНЦИ , фамилија са кумом Јовом, побратимом Борком и хармоникашем....

* * *

6. Веровања везана за удају и женидбу:-

- На окићеним вратима улаза у кућу, обавезно се ставља и расцветана грана дрена, како би млади у брачној заједници увек били здрави...

- К'д се с'ња момче први с'н(ка легне да спи), ће се удава девојка прву годину, ако с'ња други с'н (око пола ноћи) ће се удава другу годину, ако с'ња момче трећи трећи с'н (пред зору) ће се удаде трећу годину.

-к'д се иде у сватобима по девојку иде се у неппарном броју „пријатељимаа" по девојку-тако да када се она уда буде у пару са момком у сватовима; а када се други дан узвраћају „Големи-велики гости"-Презобци, од стране девојкуине родбине, онда се махом иде са 30 гостију у пару, како би по веровању се толико вратили и тако девојка остала да живи у младожењиној кући.

-На Младенци треба палити ђубре, да не би имали буве у кући.

- На младенци се не ради од змије.

-Девојка која дуго седи на прагу, одвраћа од себе момке.

 -На бадњи дан посеје девојка овас на Дрвник, на кога нарекне, за тога ће се девојка уда.

 -На бадњи д'н - 'лебац од бадњи д'н се стави под главу, онда се момку у с'н прикаже коју ће девојку да узне.

Запис: 1980.године села:Крушевица, Равни Дел, Преданча(Г.Дејан)-Власотинце

Казивачи: Смиљка Ивановић (1928.г), Олга Лепојевић(1923.г), Роска Ивановић(1903.г) с. Крушевица и Марица Младеновић(1925.г) с. Преданча(Г.Дејан) Власотинце Забележио: Мирослав Младеновић наставник ОШ „Карађорђе Петровић" с. Крушевица, Власотинце и локални етнолог, Власотинце

*

- *Не ваља да се сретну двојни сватови јер ће да се погледају младке и једна од њих неће имати деце.*

-У пролеће(у времену ђурђевданских дана) девојке беру травке-цвеће Обртен(као бела рада-жута цвећка, пушта лист као млеч травка) и праве се „колцетија"-колце(венчић) и кроз колце(венчић) момак прогледује девојку и обрнуто-да се момак и девојка обрну, да се воле.

-У пролеће(у времену ђурђевданских дана) девојке беру травке-цвеће Обртен(као бела рада-жута цвећка, пушта лист као млеч травка) и праве се „колцетија"-колце(венчић) и кроз колце(венчић) момак прогледује девојку и обрнуто-да се момак и девојка обрну, да се воле.

-Кад се на тај дан када се плету венци (уочи Ђурђевдана), с'ња момче први с'н, ће се удаде девојка прву годину, ако се с'ња други с'н (око пола ноћи), ће се девојка удаде другу годину, а ако се с'ња трећи с'н(пред зору), ће се девојка удаде трећу годину.

- К'д се с'ња момче први с'н(ка легне да спи), ће се удава девојка прву годину, ако с'ња други с'н (око пола ноћи) ће се удава другу годину, ако с'ња момче трећи трећи с'н (пред зору) ће се удаде трећу годину.

Запис 1981.године село Крушевица, Власотинце, Србија
Казивач: Ружа Ранђеловић(рођена 1912.г, девојачко Јанковић
из Крушевицу) село Крушевица, Власотинце, Србија
Забележио: Мирослав Б. Младеновић Мирац наставник
математике ОШ „Карађорђе Петровић" с. Крушевица и
локални етнолог, етнограф и историчар, Власотинце, Србија

*

-Када јабуку млада невеста баца преко куће, ако се јабука
врати, постоји веровање да ће се снајка да се врати, а ако
пребаци кућу и снајка ће остати у кућу.
Када снака узима сито са пшеницом и баца пшеницу по
сватовима, потом сито баца-па ако се сито поклопи, по
веровању снаја(млада невеста) ће да оде, а ако се у оном
котрљању задржи правао, снаја ће да остане у тој кући.

-По веровању на Ђурђевдан се девојке сакупљају из села и
купају се у реку –а оне држећи се за руке ишле су у круг. Она
која се отме прва и изађе из реке верује се да ће прва da se уда.

Запис: 1996.године село Гуњетина ,Власотинце
*Казивачи:*старе жене из село гуњетина, Власотинце
Казивач: Петровић Виолета ученица и наставник *Мирослав*
Младеновић ОШ „Браћа Миленковић" с. Шишава, Власотинце
* * *

7. ФОТО ЗАПИСИ СВАДБЕНИХ ОБИЧАЈА

7.1. Фото записи свадбених обичаја са свадби: 1972.г., 1974.г., 1976.г. у планински засеок Преданча (с.Г. Дејан-Власотинце):

7.1.1 Фото запис са свадбеног весеља удате старије сестре Стојане Младеновић (1952.г.) у с. Средор 1971/72.г.:

Према нашим старинским обичајима свака сестра млађа од свог брата може да „га прежени" односно да се уда, ако јој брат то дозволи.

Био сам 1971. године у војску, па су се догађале нек неугодне околности у породици. Дозволио сам да се сестра уда пре моје женидбе.
После доласка из војске смо правили весеље (свадбу) само један дан, колико да се отера мираз-дар.
Пријатељ и зет су само дошли са рабаџијама из село Средор, које је удаљено преко 20. километара од родног села Преданча. Ми смо по обичају правили кући у село госте, позвали све у родбини и цело засеок. Хармоникаш је био стриц Властимир Младеновић (1938-2013).

Своја сећања бележи овде са тог весеља, јер тих људи и села више данас на почетку 21. века нема.

Куће су урушене, њиве и ливаде урасле у коров. Нема више ни путељака ни сеоских путава, али су ту некада одигравао весели живот:рађало се, удавало, женило.

Нека остане траг да се са фотографија види колико је било радости код старијих, младих и деце у планини. Никоме није сметала оскудица у кући, али је увек била весело и здрав начин живота.
 У прилогу су ове аутентичне фотографије о том једнодневном свадбеном весељу:

*

Фото запис 1971/72.г.с. Преданча:- Фотографија за
успомену веселих „пријатеља" родбине: удате Стојане
Младеновић (1952.г.) и зета Живојина (Живко) Ицића
8949.г. из с. Средора...
*

71

Фото запис 1971772.г.с. Преданча:- При растанку свадбених гостију-
уз песму и свирку хармоникаша стрица Властимира, отац
Благоје (1920.г.) весело пева са чашом вина, наздрављајући
пријатељу Влади и зету Живојину(Живко Ицић)...

*

Фото запис 1971/72.г. с. Преданча:- Са свадбеног весеља у дому Благоје Младеновића(1920.г.) фотографија...

*

Фото запис 1971/72.г. с. Преданча:- Са свадбеног весеља у дому Благоје Младеновића(1920.г.) фотографија за успомену веселих гостију и раздрагане деце из родбине и села...

*

Фото запис 1971/72.г. с. Преданча са удаје ћерке Стојане Младеновић (1952.г.):-Фотографија за успомену најближе родбине оца и мајке:стриц Вукашин са стрином и децом и тетке Зорице са ћеркама:Лепком и Бојаном, као и Благоје(1920) и Марица (1923.г.) са сином:Мирослав (1948.) и ћерка Душанка(1956.г.)

* *

7.1.2. Фото запис са моје (Мирослав Младеновић, рођен 1948.г. у махалу Преданча, село Горњи Дејан, Власотинце) свадбе у село Преданча 1974.г.:

Као наставник математике сам се вратио 1970.године у свој родни крај и до краја радног века радио у сеоским школама свога власотиначкога краја.

Међу првим школама је била школа у тегошници-Свођу, потом у с. Крушевица и завршио 2013.г. радни век у сеоској ОШ у с. Шишава(Власотинце).

Моја женидба се одиграла када сам радио у ОШ „Карађорђе Петровић" у село Крушевица.

Због одређених околности и турбулентности времена, морало је даде онако како се и завршио радни век:"казне" због изношења критичног мишљења-као категорија (не) подобности(шест година био избациван из просвете на улици са породицом-да би радио као физички радник-печалбар и надничар да се преживи).

Оженио сам се македонком децембра 1973.године и моја свадба је трајала само један дан.

Моји родитељи су отишли код својих „пријатеља"(родитеља младе невесте) и тамо се договорили око свадбе. Ништа нисам тражио као мираз, али су ми послали ткане јамболије и ваљане у ваљавици од вуне и офарбане црвеном бојом.

Моја супруга-као млада невеста је једну као даровницу дала свекру(мом оцу) а другу куму.

Нажалост, због њихових обичаја (код малде невесте се није ишло на свадбено весеље), нико од македонаца није присуствовао тој једнодневној свадби.

Наравно разумео сам да младој невести тада није било свеједно, али је она брзо

прихватила наше обичаје и била је цењена и поштована у моје родно село,
На тој свадби у касним вечерњим сатима
 је било превише опијања, па су се опили и гости музиканти, па ради „мира" сам и сам морао да узмем бас и да свирам и дувам.
Занимљиво је да је од весеља попустила и дрвена клупа и под (онај земљани)-па смо неки „пропали" из собе у подрум од силне тежине свих гостију на једном месту у соби.
Мајстори печалбари-зидари, брзо су тај проблем решили и весеље је настављено.
Махом су се певале старе изворне песме и играла стара народна кола;стари чачак, у шест, бела рада, власинка...сви су тада се „укрштено" држали са рукама у коло на старински начин.

Музиканти су били лопушњани-познати трубач Сотир Илић, кланеташ и басаџије и Никола тупанџија, његов син Цане и трубач Цане Јовановић Гулавеза).
Све у свему, кум Јова Благојевић из Ђорђина је био прзадовољан нашим поштовањем и даром који смо га даровали.
Весело је испраћен са песмом „Јово, Јоване".

Био је то један весео и шерет човек, па је касније као „кирициja" са воловима увек код нас свраћао у село Крушевица, када је продавао дрва у Власотинце-jер смо ту становали и живели са породицом, радећи у школи као наставник математике.
Касније сам те 1974,године славио и МЛАДЕНЦЕ(22 март); иако сам као тада нисам смео то да урадим као члан СКЈ-е, јер се „косило" са партиским принципима према црквеним обичајима. Био сам и касније кажњаван и избачен из партије

као морално-политички неподобан(а чак и шест година и са радног места по истој категорији).

Због „кршења" партиске дисциплине слављења МЛАДЕНАЦА, остало је некажњено (једино са јавном опоменом) али су неки други изгубили радна места и функције због слављења МЛАДЕНАЦА у тадашњој кафани „Земун" у Власотинцу.

* *

Фото запис фебруар 1974.г.с.Преданча(Г.Дејан)
Власотинце:невеста и младожења ступају у брачну
заједницу...
*

Фото запис фебруар 1974.г. с. Преданча (Г.Дејан, Власотинце):- кумови, младожења, невеста, а у позадини се виде лопушњански трубачи и игра у свадбарско коло....
*

Фото запис фебруар 1974.г. с. Преданча (с.Г.дејан, Власотинце):- фотографија за успомену: свекар Благоје Младеновић (1920.г.), свекрва Марица (1925.г.), снаја Стојна (1955.г. Адамческа-Јакулоски из З.Македоније-с.Црешњево(м.Старовци), М, Брод, Порече, рођ. 1955.г.), зет Живојин(1949.г.-Живко) Ицић, сестра Стојана (1952.) и сестрић Ивица (1972.г.)
*

7.1.3. Фото запис са свадбе млађе сестре Душанке (1956.) удате у с. Борин Дол:

Према нашим обичајима та свадба је трајала три дана: китење, сватови, гађање јабуке, рабацисање дарова, презовци и остало. Но, сестра се удала у род Миљковић у село Борин Дол, удаљеног око 15 километара у једном правцу од нашег планинског села Преданча.
Сватови су првог дана морали са рабацијом и даровима да пређу око 30 километара пешице у два правца:преко сел:Доњи Дејан и Г.Дејан-а и ми смо то исто учинили другог дана свадбе(Големи Гости-Презовци).

Ја сам као брат (а исто такав везани пешкир је имао и зет-кондирција-младженски) био „увезан" на „кајбис"(накосо) са белим везаним пешкиром, с којим сам изводио сестру и предао је зету Зорану.
Нажалост због мартовског блата, моја сестра Душанка није могла да се обуче у „белину" младе невесте, јер је требало препешачити по блату 15 километара и онда би хаљина била све уништена за други дан свадбе.
Када је сбадба у току зимских снегова, онда се хаљина носи у таквим приликама, али овог пута то није било могуће.
Иначе су сви стари свадбени обичаји урађени и у село преданча првога дана и у село Борин Дол другога дана, када је сестра била у белој венчаној хаљини као млада невеста.
Овде ће бити приказ фотографија многих обичаја са те свадбе, који више данас и не постоје на почетку 21. века, а и села су исељена и опустела.
Остале су фотографије тих лепих свадбених обичаја и дарова које су девојке спремале за удају уз мираз.
Фотографије са првог дана свадбе су „распоређене" у садржају самога рада о „*Свадбеним обичајима у власотиначком крају и околини*", а један део ће бити приказан и овде:

1) Фотографије са првог дана свадбе (4.март 1976.г.) с. Преданча:

*

Фото запис 1976.г., планински заеок Преданча села Г. Дејан(Власотинце) република Србија:- Кићени двори девојке и капија на којој уз свадбарско-сватовским песмама улазе сватови и се одводи девојка момковој кући ....

*

Фото запис 1976.г. засеок Преданча (с.Г.дејан):На капији се чекају сватови и „плаћање“ уласка у авлију...
*

*Фото запис 4. март 1976.г. с. Преданча:- „Девојачко коло"
играју девојке и жене пре одласка невесте из њене дворе...*
*

Фото запис 1976.г. с. Преданча:- према обичају брат са везаним пешкиром ће да изведе сестру из куће и преда је младожењи
*

Фото запис 4.март 1976.г. с. Преданча:-
„Послуге"(конобари) из родбине су опслуживали госте у јелу и пићу током свадбеног весеља...
*

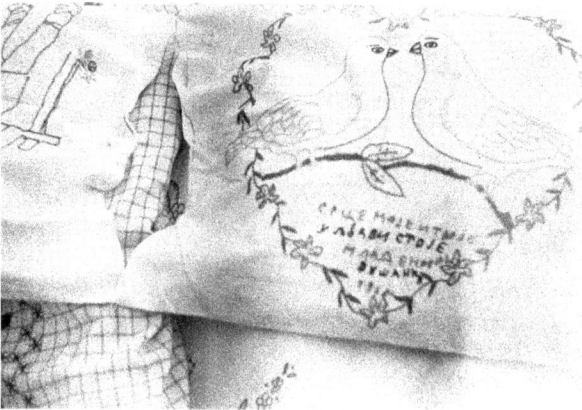

Фото запис 4.март 1976.г. 1976.г. с. Преданча:- невеста навезла ликовне фрагменте стиховима и са голуба и голубицу на јастуку.....

Фото запис4.март 1976.г. с. Преданлча:- Први у авлију девојачких двора улази рабаџија са воловским колима, у којима ће отерати девојачки дар уз музику и весеље у кућу младожење..
*

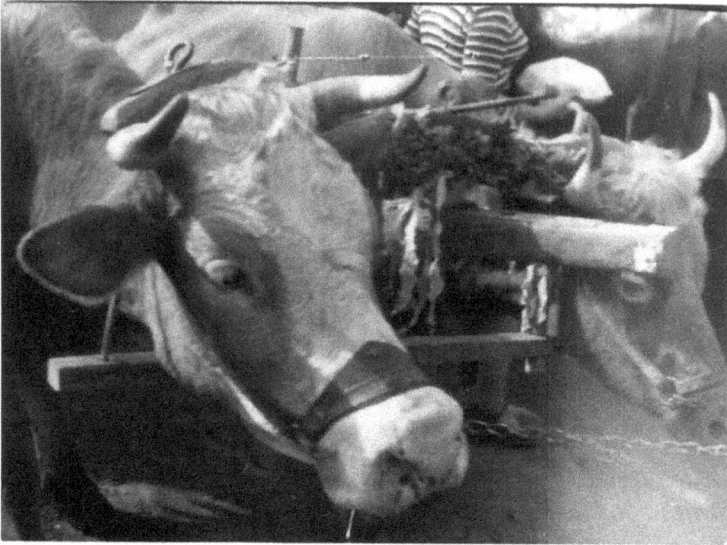

Фото запис 1976.г. с.Преданча (Дејан):-„окићени јарам"
волова на сватовским рабаџиским колима...

Фото запис 1976.г.. з.Преданча (с.Г.Дејан):-Свекрва, заова и сестра девојке броје дар:черге, везани: чаршави, пепкири,кошуље,јастуци, ткане вутаре, чарапе и други девојачки ткани плетени дар.
*

Фото запис 4.март 1976.г. с. Преданча:-Млада невеста је пре одлска сватова даривала даровима своје најближе у пордици:оца, брата, стричеве, стрине, тетке, тече, ујке, ујнне..даровима:изатканих черги, везаних чаршава, чарапа, јастука...
*

*Фото запис 1976.г. засеок Преданча(с.Г.Дејан):-
стриц(са качкетом) прима дар у виду кошуље од
братанице, а дарован је и мали братанац од
своје тетке....*

*

*Фото запис 4.март 1976.г. с. Преданча:- Братанац Саша
са батом Станишом разгледује теткин дар стрицу...*
*

Фото запис 4.март 1976.г. с. Преданча:-Наздрављање домаћину за удају ћерке од стране најстаријих у селу:баба Стојанке, деда Трајка Андрејевић и веселог шерета теча-Станије Илића –ваљача и рабаџије...а тетка Стана Илић није пропустила и да се закити првим цветом висибабе на десној страни....

*

Фото запис 4.март.1976.г. с. Преданча:-Ове девојке из родбине и села су окитиле девојкине дворе венцима и цвећем...
*

Фото запис 4.март 1976.г. с. Преданча:-Фотграфија за успомену:мајка Марица, тетка зорица, теча Витко(Витомир), ујка душан(по мајчиној лози), ујна Славица и њихов син Жика(Живојин)...
*

Фото запис 4.март 1976.г. с.Преданча:-успомена са свадбе:стриц Вукашин, стрина Лепосја и ћерке:Цака и Слађана...
*

Фото запис 1976.г.с. Предабча: Фотографија за успомену фамилија: браће Ђорђевић:Градимир(Града), Витомир(Витко), Јосим(Јоса) и Илије-Ица ваљач Илић-са породицама...
*

2)Фотографије са другог дана свадбе (5.март 1976.г.) с. Борин Дол:

А) Фотографије „Големих гостију-Презоваца(Преданча-Борин Дол:

Фото запис 5.март 1976.г. „Презовци"-„Големи гости" на путу Преданча-Борин Дол(други дан свадбе), на брдашцу од села Д.дејан ка селу Борин Дол..
*

Фото запис 5.март 1976.г. с. Борин Дол:-Домаћина „Презоваца" Благоју Младеновића „ките" по обичају зеленом цвећком, за коју се „плаћа" на полсужавник...

* *

Б)Фотографије са свадбе-Борин Дол:

Фото запис 5.март 1976.године с. Борин Дол:-На свадби Зорана Миљковића (1953) и Душанке Младеновић (1956.г.) уз помоћ заове и снајке и свекрве млада невеста даруje младожењину родбину....
*

Фото запис 5. март 1976.г. с. Борин Дол:- невеста, младожења, шурак и шурњаја...

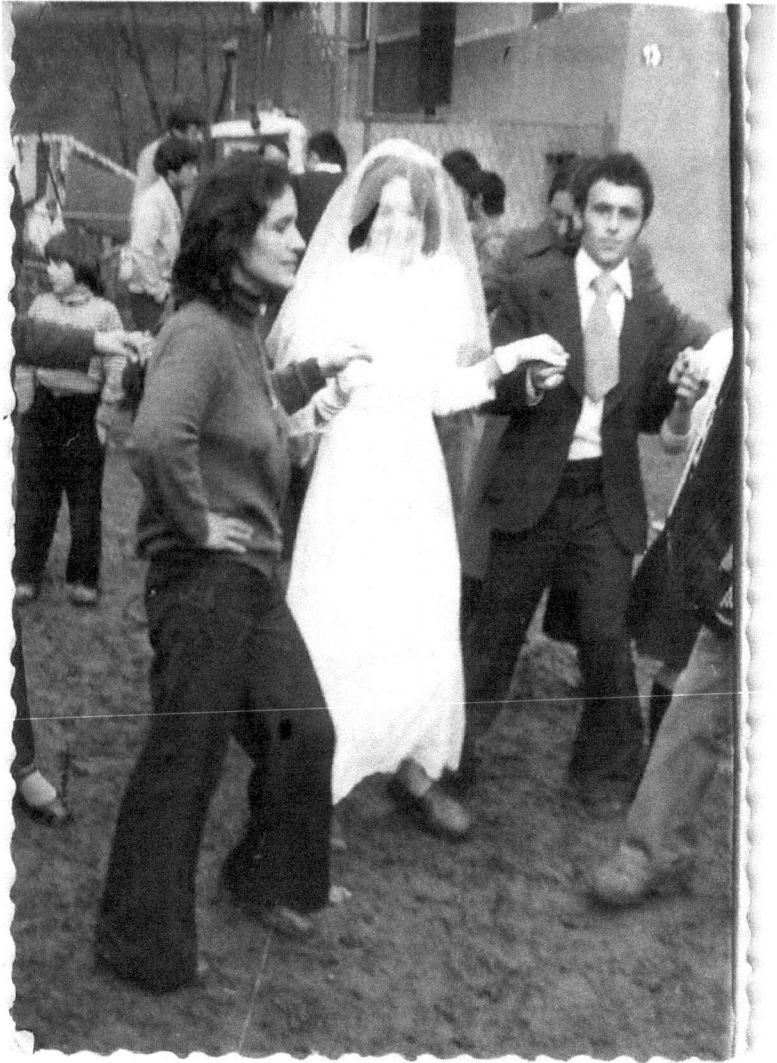

Фото запис 5.март 1976.г.с. Борин Дол:-шурњаја води свадбено коло....
*

    * * *

8. ОБЈАВЉЕНИ ДЕЛОВИ ИЗ РУКОПИСА НА ИНТЕРНЕТУ:

Narodni **običaji** i verovanja u vlasotinačkom **kraju** - Vokabular
www.vokabular.org/forum/index.php?topic=1547.0
Кеширано
Сличноге
ference: Ciglarstvo u našem **kraju**, autor **Miroslav
Mladenović** ..... (Zapis:IZNIKAL MI STRUK BOSILJAK
(Lirske narodne pesme iz **vlasotinačkog kraja**), ...
Svadbeni obicaj je zauzimao vazno mesto u zivotnoj
zajednici. za ...

Zdravice iz **vlasotinačkog kraja**	12 нов. 2007
Narodni govor i reči iz **Vlasotinačkog kraja** - Gornje Povlasinje ...	10 нов. 2007

Више резултата од www.vokabular.org
http://www.vokabular.org/forum/index.php?topic=1547.0

члан
☆☆☆
☐Ван мреже

Организација:
Osnovna skola
Име и презиме:
Miroslav Mladenovic
Поруке: 57

* * *

Народни **обичаји** - Poreklo
www.poreklo.rs/forum/index.php?board=39.0
Кеширано
Свадбени обичаји у власотиначком **крају**-Горње Повласиње. Започео ... Народни рецепти из **власотиначкога краја**-Горње Повласиње ... БЕЛМУЖ НА ПЛАНИНСКИ НАЧИН - Забележио **Мирослав Младеновић**, локални етнолог.
http://www.poreklo.rs/forum/index.php?topic=479.0
* * *

Zvanični forum Kamerne scene "**Miroslav** Antić" Senta • Pogledaj ...
www.mikaanticforum.org/viewtopic.php?f=59&t=2280...
Кеширано
16 сеп 2014 ... Zvanični forum Kamerne scene "Miroslav Antić" Senta ... Portal Poreklo prenosi rečnik narodnog

govora i reči iz **Vlasotinačkog kraja**, Gornjeg Povlasinja, koje je prikupio lokalni etnolog **Miroslav Mladenović** ... adet - **običaj** ..... sa rakijom i zove za **svadbeno** veselje kod momka (najčešće maldoženjski-zet)
http://www.mikaanticforum.org/viewtopic.php?f=59&t=2280&sid =920781461b9e327a76825c33da1708e6
*

Miroslav B Mladenović-Etnologija i narodna književnost - Page 6
danubius.bestoforum.net/t9351p100-**miroslav**-b-mladenovia-etnologija-i-narodna-knjizevnost
Кеширано
11 сеп 2013 ... Reference: Ciglarstvo u našem **kraju**, Autor **Miroslav Mladenović** .... Ујутру наравно негде се задржао **обичај** да ујутру свекрва из **свадбене** постеље ..... крушевица и околини Горњег Повласиња **власотиначкога краја**.
http://danubius.bestoforum.net/t9351p100-miroslav-b-mladenovia-etnologija-i-narodna-knjizevnost
*

Lirske **pesme**: Svadbarsko -Svatovske **pesme** - Narodni.NET
narodni.net/lirske-**pesme**-svadbarsko-svatovske-**pesme**/
Кеширано
Svadbarsko – Svatovske **pesme** iz vlasotinačkoga kraja-Povlasinje. Piše: **Miroslav B Mladenović Mirac** (1948.g.) lokalni etnolog i istoričar iz Vlasotinca, jug ...
http://narodni.net/lirske-pesme-svadbarsko-svatovske-pesme/

* * *

Narodna književnost u vlasotinačkom kraju-Gornje Povlasinje - MyCity
www.mycity.rs/.../Narodna-knjizevnost-u-vlasotinackom-kraju-Gornje-Povlasinje.html
Кеширано

Слично
20 мар 2010 ... M. **Mladenovic**; Građanin ... Сватовске-
свадбарске песме су везане за свадбу и свадбене
обичаје. ..... **Мирослав** Б. **Младеновић** Мирац
http://www.mycity.rs/Srpska-knjizevnost/Narodna-knjizevnost-u-
vlasotinackom-kraju-Gornje-Povlasinje.html

* * *

Svatovske(**Svadbarske**) **pesme** i zdravice u vlasotinačkom kraju
www.mycity.rs/.../Svatovske-**Svadbarske-pesme**-i-zdravice-
u-vlasotinackom-kraj.html
Кеширано
Слично
17 мар 2010 ... Сватовске(**Свадбарске**) **песме** и
здравице ... ... Забележио: **Мирослав Младеновић**
наставник. Када се девојка премењује често се ...
http://www.mycity.rs/Srpska-knjizevnost/Svatovske-Svadbarske-
pesme-i-zdravice-u-vlasotinackom-kraj.html

* * *

Народна поезија из власотиначкога краја-Горње Повласиње -
Порекло
www.poreklo.rs/forum/index.php?topic=377.0
Кеширано
26 сеп 2013 ... Аутор: **Мирослав** Б **Младеновић** Мирац
локални етнолог и .... Сватовске-**свадбарске песме** су
везане за свадбу и свадбене обичаје.
Свадбени обичаји у власотиначком крају-Горње   19 нов.

Повласиње - Poreklo   2013

Здравице из власотиначкога краја - Poreklo   21 сеп
                                                       2013

Мирослав Б **Младеновић**:-Народна књижевност   18 сеп
у власотиначком крају ...   2013
http://www.poreklo.rs/forum/index.php?topic=377.0

☐Мирослав Младеновић

- Full Member
- ▣▣▣
- Поруке: 224
- Karma: +0/-0
-

◇

Народна поезија из власотиначкога краја-Горње Повласиње

« **послато:** септембар 26, 2013, 12:23:28 поподне »

* * *

Lirsko epske **pesme** iz vlasotinačkoga kraja - MyCity Military
www.mycity-military.com/.../Lirsko-epske-**pesme**-iz-
vlasotinackoga-kraja.html
 Кеширано
Слично
12 мар 2010 **... Miroslav Mladenovic**; Građanin ... уживао у
лазарачким , ђурђевданским, жеталачким и
свадбарским песмама- негде педесетих година 20.
**http://www.mycity-military.com/Ostalo-5/Lirsko-epske-pesme-
iz-vlasotinackoga-kraja.html**

 *

9. КАЗИВАЧИ :

1. *Марица- Мара Младеновић*(1925.г) *песмопојка,* ишла у *лазарице, приповедач, учесник НОР-а* , махала Преданча, село Г.Дејан, Власотинце, република Србија, *Записи:* 1970-2000. године село Преданча-Власотинце, република Србија

2. *Олга Лепојевић* (1923.г) песмопојка, приповедач, ишла у *лазарице* и *краљице,* село Крушевица, општина Власотинце, република Србија, *Записи:* 1973-1990.г.. године село Крушевица- Власотинце, република Србија

3. *Мирослав Б.Младеновић Мирац* (1948.г.) наставник у Основним школама: „Карађорђе Петровић" с. Крушевица(1973-1990) и „Браћа Миленковић" у с. Шишава(1991-2013.г.), општина Власотинце наставник математичар иноватор и локлани етнолог, етнограф и историчар и локални писац песама и прича на дијалекту југа Србије, Власотинце, република Србија, *Записи:* 1970-2015. године село Крушевица-Преданча-Власотинце, република Србија

4. *Владимир Илић*(1881.године) ваљач, воденичар, приповедач и учесник балканских и првог светког рата(1912-1916.г.) у *запису* из 1975.г. у махали Преданача, с. Горњи Дејан, СО-е Власотинце, република Србија

5. Запис о свадбеним обичајима од старијих жена у село Црнатово-из монографије села,2007.г.стр,: СВАДБЕ:- *страна:* 139-142, (Н.Митровић)

6. Запис 1977.г. с. Средор-*Баба Риска Станојевић* (има око 100 година, чувала овце у село), запис из 1977.године, с. Средор, Власотинце, република Србија

7. *Лазар Радивојевић* (стар 70 година, из Калне-Црна Трава) живео у Лесковцу, умро 1985; *Сотир Михајловић* (рођен 1900.г. Преслап-Црна Трава), стар 85 година, из Преслапа, запис 1985, *Стојан Анти(рођен 1905.г. Преслап-Црна Трава)*, стар 80 година, из Преслапа-Црна Трава, запис:1985.године.

8. *Јулијана-Јулка Лепојевић* (рођ.1900.г, девојка и удата у село Крушевица, а песме се певале између 1912-1945године. Неписмена.Запис 1981.г. с. Крушевица. Власотинце

9. *Нада Ашанска((По казивању Наде Ашанке-Ашанска(грци)* сточарска породица живела на бачији сама у планини између села Комарица и Црна Бара, а доселила се у село Бољаре крајем 20. века; подвукао М.М) .Забележио: Милосав Миловановић-Бољарац, учитељ и професор руског језика из с. Бољаре, живи у Бачку Паланку

 10. Евгенија Здравковић, девојачко Радојичић, рођена у село Добро Поље (Црна Трава), рођена 1897.године у село Козило (Власотинце-Црна Трава)

11. *Милошевић Олга*, село Бољаре, Власотинце, Запис: 1976.године, с. Бољаре, Власотинце 12. *Тоза (Светозар) Арсић*(солунац) село Златићево, *Владимир Илић*(1881.г.-учесник ратова 1912-1918,г,) и *Љубомир Крстић*(1903.г) село Јаковљево, Власотинце
Запис: 1975/77.с.г.Дејан(засеок Преданча), с. Златићево и с. Јаковљево

13. МАДЕНЦИ:-*Драгомир Анђелковић, Милисав Здравковић, Велимир Ђорђевић:- лужничко село ЦРВЕНА ЈАБУКА-монографија-, Црвена јабука, 2002.г., страна:71-72)*

14. *Славко Коцић* село Бољаре, Власотинце;*запис* 1978.године село Бољаре, Власотинце

15. *Милошевић Тихомир,* с. Бољаре, Власотинце, *Запис:* 1976.године, село Бољаре, Власотинце

16. *Криста Цекић,* село Бољаре, Власотинце, *Запис:*1976.године, с. Бољаре, Власотинце

17. *Ружа Ранђеловић(рођена 1912.г, девојачко Јанковић из Крушевицу) село Крушевица, Власотинце, Србија, Запис 1981.године село Крушевица, Власотинце, Србија*

18. *Казивачи: Смиљка Ивановић (1928.г), Олга Лепојевић(1923.г), Роска Ивановић(1903.г) с. Крушевица, Запис: 1980.године села:Крушевица, Равни Дел,Власотинце*

19. *Ружа Стаменкови баба Јулка-Јулијана Лепојевић(девојка из село Крушевица и удата у село Крушевица, рођена 1990.године),село Крушевица , Власотинце, **Запис: 1981.** године село Крушевица, Власотинце, Србија*
* * *

10. РЕЧНИК ЛОКАЛИЗМА И АРХАИЗМА

- „банда"(келтска реч)-трубачи, плех музика бел'-бела боја
- ббд-вишезначајно значење, на дијалекту погрдно:"будала";
има и других значења у речима „скраћеници" са почетним
словом ББД
- бел'-бела
- бечел'к- свежањ навезан од беле тканине у коме се умота
погача, баница, марама и купена китка (цвет) за просидбу-
прошевину и на њој стави дукат.
- бричи се-брија се
- бркајлија-мушкарац у снази са брковима викајте (викате)-
зовиоте
- „Велики гости (Големи гости-Презовци)-после одвођења
младе у момачку кућу у недељу са сватобима, у понедељак
девојачко родбина одлази у гостима код младожењине куће
- врне-врати
- гу-је
- гајдарџија-музичар са народним инструментом гајде
девојћа-девојка
дреја-капут
дудук-свирала, фрула
дома-кући
забради- стави мараму на главу
запроси-заручи, вери девојку
- "зелени венци"-девојке плету венце од зеленила и цвећа да се
њиме оките.каписа, прозори и врата куће девојке за свадбу у
девојачком двору (од цвећа: босиљак, шимшир-зеленика,
здравац, зелени папрат-навал и другог цвећа)
- изрукује-поздрави са љубљењем сваког у руку (будућег
свекра, свекрву, оца, мајку и момка пољуби у руку)
- „испит"-пристанак удаје и женидбе момка и девојке код
свештеника у цркви
-јок-не
- Кадиве-кратак капут од кадифе

- *капарисао девојку*-дао паре на девојку, веридба, просидба, обећана девојка за удају
- *к'д*-кад
- *китка*-цвет
- *Киткари*-то су они што носе премену(одећу и обућу) девојци а чине их: свекар, свекрва, младожењски(зет код момка) и најближи из родбине.
- „*крчма*"-весеље, кафана
- *колко*-колико
¯*Кондирција (младоженски*")- обично је један од промућунијих зетова с момкове стране, у договору с домаћином, позивао је на свадбу с „*кићеним*" кондиром.
Он је званице обавештавао о важним појединостима везаним за свадбу.
Позвани домаћин отпио би и наздравио, потом долио ракије и ставио новчаницу на кондир
- *куде*-где
- *корнеше*-вадеше, чупаше
- *куче*-пас
- „*лагали*"-волели
- *'леб*-хлеб
¯„*Мали гости*"-одлазак младожењине родбине у гостима у невестину родбину(после 2-3 дана или недељу дана или месец дана)
- „*младоженски*"-најстарији зет, који носи китен кондир, позива за свадбу, позива кума, старојка и води рачуна о организацији свих обредно свадбених обичаја на свадби.
- „*мирење*"- склапање „мира" између родитеља девојке и момка у случају да је девпјка побегла или је „украдена" мираз-девојачки дар, девојачка „спрема" за удају (рубље ткано и везано од вуне и дрвени ковчег)
- *младенци*-обредно младалачки празник 22 марта оних који су склопили брачну заједницу
- „*млатка*"-невеста

- *млого*-много
- *овуј*-ову
- *одкарала*-отерала
- *омлађе*-младице, младе стабљике, млади пупољци на дрвећу за брстење коза и оваца у пролеће
- *о'тг*-одтада
„*патарица*"-Трећи дан свадбе је била „*Патарица*", на којој је гостовала послуга после свадбе
-*пара*-новац
-„*пишмани*"-одрекне
„*пријатељи*"-свадбени ритуал око удаје и женидбе родитеља девојке и момка
премена: одећа и обућа за девојку која се проси
- *прошевина (просидба)* - свадбени ритуал завршенае "погодбе" око удаје и женидбе девојке и момка; односно дата сагласност за заједнички живот момка и девојке у брачној заједници.
- *Поода*- Долазак неколико девојака и младића из невестине фамилије, која је „уходила" младенце. Указивана им је посебна пажња и при дочеку и за столом и на испраћају.
Свадбени ритуал шаљиве природе , то је састављена мала групица момака и девојака(непаран број од 5-7), која иде испред сватова у такозвану „Поооду"-пре сватова код момкове куће, захтевајући шаљиву „потражњу" од пријатеља, попут „буре без данце(црни лук) и друго, а одлази пре доласка сватова са младом у момкову кућу.
Тамо се траже многе ствари у шаљивом тону-да се послуже од стране момачке послуге, например тражи се да се донесе „буре са ракијом без данцета.
- *појди*-пођи
- *Постељћа*-постеља, изаткана руба(черге-ћилими и друго на разбоју)
- *Подрумџија*" је водио рачуна у свему што се издавало из „подрума" куће момак-алкохол, каце са сиром и трошијом,

печење, мезе, даровнице, а био је одређен да води рачуна и о „*стругарима*".

- *премена*-девојачка спрема као невесте за свадбено весеље
- *пролет*-пролеће
- *проводаџија (наводачија)*-просац, онај који „наводи" упознавање и уговарање свадбе
- *руба* -девојачка спрема
- „*рука*"-добијање сагласности удаје девојке од стране родтеља (оца) за одређеног момка

Ручник-стављају га жене на главу(капа,вес-беретка са репом) носиле младе(ален-црвен) вез са китком (црном свилом) на врху главе

- *саберу*-сакупе
- *сабор(собор)*-игранка
- *сас*-са
- *свекрва*- мајка момка
- *синија*-одећа за свадбени дар
- „*стругари*"-група младића из суседних села која је долазила увече после доласка сватова са младом у кућу момка и њима су „подрумсије" давали пиће и мезе за благосољање,а уколико тога није било онда су обесно правили штету"ломили плотове", „растурали стогове сена", крали:месо. сушенице, сланину, сир и купус из каца као „одмазду" за неуслуженост на „стругарини". То је стари обред још из турског времена.
- „*Стража*"-стари турски обичај, где се поставља стража" да момак не украде девојку и док се не плати, сватови не улазе у дворове невесте, а када се изилази са даровима онда се такође „наплаћујје" од стране брата за изнети дар и сестру коју даје младожењи ка невесту да изаћу нса даровима на запрежна кола преко капије.
- *с'н*-сан
- *с'ња*-снева
- *сол*-со

- *старејко (старојко)*-стари сват, други сведок који се са кумом потписује на венчању младих приликом склапања брачне заједнице
- *стрижба*-обредни обичај, ритуално-обредно сечење косе маказама   детету од годину дана од стране кум*а*
- *стрижем*-сечем
- *такмеж*-просидба
- *такмење девојке*-веридба девојке
- *такмењем*-веридбом
- *татко*-отац
- *т'г*-отац
- тупан-бубањ (музички инструмент-али без „плекастог дела“)
- *убавенко-лепотан, леп момак*
- *узлавђе-увлаке*
- *ђитка-китка, цвет*
- *целивује-*љуби
- *цревје-*ципеле
- *црешња-*трешња
- „честито“(„крчма“)- весеље у част испрошене девојке, а често се носе и поклони младима (у стара времена млада сваког пољуби у руку и њој се даје на руку новац)
- *убава-*лепа
*шеови-*свадбени поклони девојци и момку у виду ствари за покућанство
    * * *

11. Литература (Bibliografija):

[1]   *Из рукописа: Мирослав Б. Младеновић Мирац*- ЗАПИСИ 1970-2015.године; УМОТВОРИНЕ И ВЛАСОТИНАЧКОГ КРАЈА И ОКОЛИНЕ , 2015. године Власотинце

[2] *Мирослав Б. Младеновић Мирац*(1948.г) село Преданча:- *СЕЋАЊА на СВАДБЕ И СВАДБЕНЕ ОБИЧАЈЕ у детињству 50-60 година 20. века у Горњем Повласињу,* ЗАПИС 1970-2007. године Власотинце Мирослав Младеновић Мирац, локални енолог Власотинце

[3]   *Воја Богојевић, Чедомир Милошевић, Борко Томић:-* КАЛНА ЦРНОТРАВСКА, Црна Трава, !987.године; *СВАДБЕ:-стр: 169-170.*

[4]   *Драгутин Ђорђевић :-„О животу и народни обичајимаи у Лесковачкој Морави*-1958.г, Српски етнографски зборник књ. LXX, Београд), 1958.г.Лесковац

[5]   *Никола Митровић:-*ЦРНАТОВО-прошлост и садашњост, Културни Центар Власотинце, 2007.године, СВАДБЕ:- *страна:* 139-142,

[5] *Мирослав   Младеновић Мирац:*- Narodni **običaji** i verovanja u **vlasotinačkom kraju** - Вокабулар (http://www.vokabular.org/forum/index.php?topic=1547.0)
[6] **Мирослав Младеновић:**-http://www.mycity.rs/Srpska-knjizevnost/Svatovske-Svadbarske-pesme-i-zdravice-u-vlasotinackom-kraj.html

[7] *ИЗНИКАЛ МИ СТРУК БОСИЉАК-Лирске народне песме из власотиначког краја,* Издавач лист „Власина", 2000. године Власотинце,

117

[8] *Мирослав Младеновић:-Свадбени обичаји у власотиначком крају-Горње Повласиње*, ПОРТАЛ ПОРЕКЛО 2013.г.(http://www.poreklo.rs/forum/index.php?topic=479.0)

[9] **Miroslav B Mladenović:**-Etnologija i narodna književnost - Page 6, 2013.g.(http://danubius.bestoforum.net/t9351p100-miroslav-b-mladenovia-etnologija-i-narodna-knjizevnost)

[10] *Мирослав Младеновић* :- Народни **обичаји** у **власотиначком крају** • Forum Srbija (http://www.forum-srbija.com/viewtopic.php?f=400&t=35069&start=40)

[11] *Miroslav B. Mladenović Mirac* :- Lirske **pesme**: Svadbarsko -Svatovske **pesme** - Narodni.NET (http://narodni.net/lirske-pesme-svadbarsko-svatovske-pesme/)

[12] Miroslav B. Mladenović Mirac: - Srpski **običaji** Archives - Narodni.NET (http://narodni.net/category/srpski-narodni-obicaji/)

[13] *Мирослав Б Младеновић Мираџ УЧА:- Умотворине из власотиначког краја-Повласиње-ПЕЧАЛНИК (Завичајне приче, легенде, предања, изреке, клетве, здравице и загонетке)/Умотворине из власотиначког краја-Повласиње,* 2015.г.Власотинце

[14] *Драгомир Анђелковић, Милисав Здравковић, Велимир Ђорђевић:- лужничко село ЦРВЕНА ЈАБУКА-монографија-, Црвена јабука, 2002.г., страна:71-72)*
* * *

118

12. Биографска белешка:

Мирослав Б. Младеновић- Мирац:- *Рођен је 23.9.1948.године, у планински засеок-махала(касније и село) Преданча, села Горњи Дејан општина Власотинце на Југу Србије-од оца Благоје и мајке Марице у сиромашној печалбарској породици.*

Основну школу је завршио у планинско село Златићево, осмогодишњу у село Свође, где је пешачио дневно по двадесет километара планинским беспућум по кишу и снегу до стицања првог знања за излазак у свет.

Потом завршава средњу пољопривредну школу у Лесковцу, онда ВПШ-група математика у Врању, Уписује и наставља студије на математици на природно математичком факултету, где само апсолвира у Скупљу-уз рад као наставник математике на село.

Због прогона у партиском комунистичком једноумљу, због политичког уверења- није стекао диплому највишег нивоа у науци математике.
Чак бива избачен из просвете по „казни" категорије „морално политичке подобности" пуних шест година рада из просвете. Тада је морао да ради сезонско горштачке надничарске послове у планини-косач планинских ливада, као и печалбар-циглар и зидар, широм бивше Југославије:од Србије, преко Хрватске до Црне Горе.

Без егзистенције води тешку борбу како би биолошки опстали са четворочланом породицом тих тешких седамдесетих и осамдесетих година 20. века

Радио је као наставник математике од 1970.године од сеоских школа у Доње Кусце на Косову, преко Орашја код Велике Плане, онда сеоских основних школа у селима: Тегошница, Свође, Крушевица, Шишава - до 2013.године; где завршава свој радни век као наставник математике у сеоској осмогодишњој основној школи у село Шишава-Ломница у власотиначком крају.

У родно село Преданча(Г.Дејан), као детету су му „тепали":" Миросов, Мирче, Мики, Мирко"; све до у селима:Тегошници, Свођу, Крушевици и селу Шишави у општини Власотинце-у којима је завршио свој просветарски радни век на село.

Тај немирни дух стваралаштва, носио је у себи и никада није хтео да се повинује лажним ауторитетима моћи власти и новца; па је зато због слободоумности и „критичког мишљења" остао да по „казни" заврши свој радни век на село као математичар иноватор.

Тај кратки „назив" МИРАЦ остало му је обележје као неки „заштитни знак" у стваралаштву и писању: чланка, радова за многе научне скупове, стручно-методских радова за часописе, форума, Портала на Интернету, књига из сфере: локалне: етнологије, етнографије, историографије и народне књижевности ; као и наставе математике.

Одрсастао на планинским високима Букове Главе планине Чемерник, још као дете остао је везан својим коренима, своме родном селу-завичају, уживао је у лепотама и радостима живота у традицији која полако нестаје са нестанком села на почетку 21.века.

Његови записи о животу на село-о обичајима, историји и о свему што је везано за језик и усмена приповедања дијалектом средине, остаће као драгоцени истраживачки материјал за етнологију, културу, традицију и историју српскога народа на југу Србије.

Писао је и објављивао још као средњошколац у многим листовима и часописима у Србији и некадашњој Југославији. Бавио се сакупљањем етнографско-историографске грађе о власотиначком крају.

Као математичар и педагог својим иновацијама учествује на многим конгресима и саветовањима.
Стручно-педагошки радови штампани су му у великом броју публикација.

Данас пише песме и кратке приче везане за живот у његовом завичају, каквог га памти из младости.

Као сарадник електронске светске енциклопедије на страни Wiki Vlasotince(internet wikipedija)-написао и узео учешће у писању о Црној Трави, Власотинцу и околини.

Део песама из тада необјављене збирке ПАНИНСКА ОРАТА заступљно је у збирки песама чланова друштва завичајних песника Власотинца КУЋА ОД РАСЦВЕТАЛИХ ЖЕЉА у издању Фондације даровитих „Христифор Црниловић-Кица"-Власотинце 2007.године. У припреми су многе публикације са записима о селима и из живота у прошлости из власотиначко-црнотравског краја .

Наставник иноватор и вредан је сакупљач духовног и материјалног блага власотиначког, црнотравског и лужничког краја.
Пише на дијалекту-онако како чује да народ око њега говори.

Прву самосталну збирку песама: ПЛАНИНСКА ОРАТА издао је 2008.године, другу ПЕЧАЛОВИНА 2011.године, трећу збирку песама АБЕР СА ПЛАИНЕ издао је 2011.године и ПЕЧАЛБАРСКА ПИСМА (2014.г).
У 2015.години је објавио следеће књиге: ПСОВКЕ И РУЖНЕ РЕЧИ ИЗ СРПСКОГ ЈЕЗИКА У ВЛАСОТИНАЧКОМ КРАЈУ", ПЕЧАЛНИК(Зваичајне приче, легенде, приповедања, изреке, клетве, здравице, бројалице, загонетке), МАТЕМАТИКА 4 (Збирка задатака за самосталан рад ученика четвртог разреда основне школе), МАТЕМАТИКО МОЈА(методска књига за професоре осмогодишњих школа).

Године 2015. у штампи је етнографска књига:" ДЕЦА У ПЕСМАМА И ИГРАМА ПОВЛАСИЊА-народне умотворевине из власотиначког краја".

Поред тога, на интернету у електронском издању у организавцији „писаца Србије и окружења"-постављене су књиге у другом издању:ПЛАНИНСКА ОРАТА и АБЕР СА ПЛАНИНЕ; као и књига
"ПСОВКЕ И РУЖНЕ РЕЧИ ИЗ СРПСКОГ ЈЕЗИКА У ВЛАСОТИНАЧКОМ КРАЈУ".

У 2016.години је припремио у штампи из етнологије о обичајима и веровањима из власотиначког краја и околине:Божићни обичаји, Ђурђевдански обичаји, Ускршњи обичаји, Свадбени обичаји, Славски обичаји код Срба, Прочка(каравештица, Остали обичаји и веровања у власотиначком крају и околини.
Поред тога, у предходним годинама је већ објавио на форумима и порталима у Србији и окружењу приче, песме, обичаје и веровања из Повласиња и окружења са југа Србије.
Веома је значајно што поред записа које је забележио, у томе су учествовали и његови ученици са сеоског подручја од сеоских школа:Тегошница, Свође, Крушевица до села Шишава(Ломница) у власотиначкој општини(1970-2013.г.).

Поставио је поред сбојих публикација и аутентичне фотографије у оквиру фото-записа са села, које су драгоцени етнолошки материјал за будућа поколења.

Поставио је један део својих етнографских записа о пореклу становништва о свим селима из власотиначко-црнотравског подручја на порталу ПОРЕКЛО; а та истраживања са свих аспеката села се настављају кроз већ припремљене публикације о историско-етнолошкој прошлости живота на село у овом делу југа Србије.

Биће драгоцено и сакупљено културолошко благо старих речи и говора на дијалекту сакупљених и припремљених за публиковање као ВЛАСОТИНАЧКИ РЕЧНИК(а један део је већ објављен на неким форумима и портало ПОРЕКЛО). Наравно да се аутор тим дијакттолошким речима служио и служи у писању песама и прича на дијалкету југа Србије.

Наравно да то представља и значајан допринос остављања трага о културној феноменологији села, која полако на почетку 21 века потпуно нестају.
Аутор и даље као пнезионер од 2013.године активно пише-као локални етнолог и историчар и писац песама и прича на дијалекту југа Србије.

У штампи је и нова књига из народне књижевности-етнологије под називом: ДЕЦА У ИГРАМА И ПЕСМАМА ПОВЛАСИЊА.
Поред несумњивих књижевних вредности које ове збирке имају, оне представљају и значајан допринос културној феноменологији села о којима пише-као локални етнолог и историчар и писац песама и прича на дијалекту југа Србије.
* *

29.јануар 2016.г. Власотинце

Аутор:Мирослав Б Младеновић Мирац, локални етнолог, етнограф, историчар и локални писац песама и прича на дијалекту југа Србије

* * *

САДРЖАЈ :

Мирослав Б. Младеновић-Мирац
СВАДБЕНИ ОБИЧАЈИ У ВЛАСОТИНАЧКОМ КРАЈУ-ПОВЛАСИЊЕ
Издавач: АУТОР (ISBN 978-86-918837 (М.М))
Фотографије: *Мирослав Б Младеновић Мирац*
Штампа: Штампарија
Тираж: *100 примерака*
Стр. 128
*

МЛАДЕНОВИЋ, Мирослав Б., 1948-
  Свадбени обичаји у власотиначком крају - Повласиње /
Мирослав Б. Младеновић Мирац ; [фотографије Мирослав Б.
Младеновић Мирац]. - Власотинце : М. Младеновић, 2016
(Власотинце : Младеновић). - 128 стр. : фотогр. ; 21 cm
Ауторова слика. - Тираж 100.
- Казивачи: стр. 108-110.
 - Речник локализама и архаизама: стр. 111-115.
 - Биографска белешка: стр. 116-117.
 - Библиографија: стр. 118-123.

ISBN 978-86-918837-8-2
UDK 391.51(497.11)"19"
а) Свадбени обичаји - Власотиначки крај - 20в
COBISS.SR-ID 221756428

www.ingramcontent.com/pod-product-compliance
Lightning Source LLC
Chambersburg PA
CBHW050356280326
41933CB00010BA/1484